논·술·세·계·대·표·문·학

48

괴도 뤼팽

모리스 르 블랑 | 박윤호 엮음

H 훈민출판사

〈기암성〉의 배경이 된 바위 — 프랑스 노르망디 지방에 있는 에트르타 절벽이다. 사진 오른쪽에 보이는 바위가 바로 '바늘 바위'이다.

The Best World Literature

괴도 뤼팽의 삽화

〈기암성〉의 배경이 되는 뤼팽의 성

레오나르도 다 빈치의 〈모나리자〉

〈기암성〉에 나오는 보물들

틴토레토 그림 〈수태 고지〉

모리스 르블랑

마리 앙투아네트의 목걸이

1913년 〈괴도 뤼팽〉이 실린
잡지의 표지

The Best World Literature

괴도 뤼팽 시리즈의 하나인 〈813〉의 표지

영화로 만들어진 〈괴도 뤼팽〉

구인환(丘仁煥)

서울대학교 사범대학 졸업. 동 대학원 졸업(문학박사)
서울대학교 명예교수, 소설가(현). 서울대학교 사범대학 국어교육연구소 소장(현)
문학과문학교육연구소 소장(현). 국제펜 한국본부 부회장(현)
한국소설문학상(1987). 예술문화대상(1994). 한국문학상(2000)
작품 〈숨쉬는 영정〉, 〈살아 있는 날들〉, 〈일어서는 산〉 외 다수

- **저서** 《한국단편소설의 이해》, 《한국현대소설의 비평적 성찰》,
  《고교생이 알아야 할 소설》, 《고교생이 알아야 할 세계단편소설》 외 다수

윤병로(尹柄魯)

성균관대학교 국어국문학과 졸업. 동 대학원 졸업(문학박사)
성균관대학교 교수, 문학평론기(현). 한국현대소설학회장(현)
한국문예학술저작권협회 이사(현). 한국간행물윤리위원회 위원(현)
한국펜 문학상(1987). 한국문학상(1988). 대한민국문학상(1989)
수필집 《나의 작은 애인들》 외 다수

- **저서** 《현대 작가론》, 《한국 현대 소설의 탐구》,
  《한국 근대 작가 작품 연구》, 《한국 현대 작가의 문제작 평설》 외 다수

홍성암(洪性岩)

고려대학교 국어국문학과 졸업. 한양대학교 대학원 국어국문학과 졸업(문학박사)
동덕여자대학교 교수, 소설가(현). 한국문인협회 회원(현)
한국소설가협회 이사(현). 국제펜 한국본부 소설분과 이사(현). 한민족 문화학회 회장(현)
창작집 《큰 물로 가는 큰 고기》, 《어떤 귀향》 외
대하역사소설 《남한산성》 (전9권) 외 다수

- **저서** 《문학의 이해》, 《현대 작가론》, 《한국 근대 역사소설 연구》 외 다수

기획 · 감수

르블랑에게 많은 영향을 끼친 플로베르

논술 세계대표문학을 펴내며

　21세기의 사회는 '전자 문명 시대'라 일컬어질 만큼 오늘날 전자 산업은 우리 생활의 거의 모든 분야에 다양하게 응용되고 있습니다. 출판 분야 또한 예외는 아니어서, 종래의 서책(Book) 대신에 이른바 '전자책(CD-ROM)'의 출간이 최근 들어 날로 증가하고 있습니다.

　그러나 이러한 전자책은 영상 또는 모니터상으로 흥미 위주나 백과사전식 지식을 습득하는 데는 효과적일지 모르지만, 문학 공부를 위해서는 별로 도움이 되지 않습니다. 바꾸어 말하면, 문학 공부는 각 지면마다 살아 숨쉬는 표현 하나하나를 독자 자신의 머리로 음미하면서 작품을 읽어 나가는 가운데, 풍부한 상상력의 배양과 함께 작가의 의도와 그 작품의 내면을 깊이 있게 이해함으로써 이루어지는 것입니다.

　이에 훈민출판사에서는, 자라나는 학생들이 범람하는 영상 매체에 길들여지기 전에, 어려서부터 유명한 세계문학 작품들을 책자를 통하여 감명 깊게 읽고 감상함으로써, 올바른 문학 공부의 기틀을 다지고, 아울러 전인 교육도 할 수 있도록 《논술 세계대표문학(전60권)》을 펴내게 되었습니다.

　작품 선정은, 초·중·고등학교 국어 교과서와 역사 교과서에 실리거나 소개된 문학 작품을 중심으로 하되, 그리스 신화와 성경 이야기 등의 고전에서부터 중세·근대·현대에 이르기까지 세르반테스·셰익스피어·톨스토이 등 세계 유명 작가들의 장·단편 소설들을 엄선·수록하였습니다. 또 세계의 명시도 별권으로 엮었으며, 특히 각 단락마다 '논술 문제'를 제시하여, 장차 대학입시를 비롯한 각종 '논술 고사'에 예비 지식을 쌓을 수 있도록 배려하였습니다. 아무쪼록, 이 《논술 세계대표문학(전60권)》이 자라나는 학생들에게 문학 공부의 주춧돌이 되고, 나아가 미래를 살아가는 데 정신적 자양분이 되기를 진심으로 바라 마지않습니다.

훈민출판사

차례

괴도 뤼팽

르블랑

지은이

1864~1941년. 프랑스 루앙에서 출생. 27살 때 신문기자가 되었으며, 그 뒤로 몇 편의 연재소설과 단편을 발표하였지만 이렇다 할 두각을 나타내지 못했다. 그러다가 1905년 플로베르와 모파상의 영향을 받아 '아르센 뤼팽'이 주인공인 〈괴도 뤼팽〉을 써서 크게 성공하였고, 이후 세계적으로 유명한 작가가 되었다.

괴도 뤼팽
──기암성

고요한 밤의 사건

"이상하다! 무슨 소리일까?"

레이몽드는 눈을 번쩍 뜨고 소리나는 쪽으로 가만히 귀를 기울였다.

모두 죽은 듯이 잠들어 있는 고요한 깊은 밤인데, 아까부터 이상한 소리가 두 차례나 들려오니 정말 알 수 없는 일이었다.

3층 침실에서 잠을 자다가 이상한 소리를 듣고 잠에서 깬 레이몽드는 급하게 실내화를 찾아 신고 살금살금 발자국 소리를 죽여 가며 창가로 가서 조심스럽게 창문을 열고 바깥을 살폈다.

넓은 정원에는 밤하늘에서 소리 없이 쏟아지는 달빛과 반짝거리는 별빛을 받아 예전과 다름없이 고요하였다.

"아니, 아무것도 없잖아?"

레이몽드는 눈을 비비며 다시 정원 안을 내려다보았다.

잡초가 무성한 정원에는 무너진 돌담, 깨어진 돌기둥, 그리고 예수와 성모 마리아의 깨진 석상 등이 나동그라져 있었다.

레이몽드가 살고 있는 이 건물은 옛날에는 수도원이었다. 정원 한쪽에는 무너져 내린 교회만이 달빛 속에 더욱 을씨년스럽게 버티고 서 있을 뿐, 조용하였다.

레이몽드는 "후!" 하고 숨을 내쉬며 다시 정원을 살폈으나 별 이상한 것을 발견하지 못하였다.

"이상하다. 틀림없이 이상한 소리가 들렸는데?"

이 때였다. 또다시 이상한 소리가 들려왔다.

"어! 그 소리가 틀림없다!"

레이몽드는 소리가 나는 쪽을 향하여 토끼처럼 귀를 쫑긋 세웠다.

"바로 2층 서쪽인데……."

레이몽드는 이상한 소리가 들려오는 것이 2층 서쪽의 끝 응접실이라는 것을 알고, 온몸이 오싹해지는 느낌을 받았다.

"틀림없이 2층에 숨어 있는 것 같은데, 도대체 누구일까?"

레이몽드는 백장미처럼 아름다운 아가씨답지 않게 매우 대담해졌다. 레이몽드는 겉옷을 찾아 걸치고는 마음을 가다듬고 성냥을 찾아 불을 켜려고 하였다.

그 때 옆방에서 동갑인 사촌 쉬잔이 들어오면서 떨리는 목소리로 말하였다.

"레이몽드, 나야……."

"왜 그래, 쉬잔?"

"너무 무서워서 마구 떨려……."

쉬잔은 레이몽드의 품에 안기며 고개를 흔들었다. 쉬잔의 몸은 마구 떨리고 있었다.

"레이몽드, 이상한 소리를 들었어. 아까부터 개도 짖고, 무서워……."

"그래, 나도 그래서 잠에서 깼어. 지금 몇 시나 되었니?"

레이몽드는 침착한 목소리로 부드럽게 말하였다.

"아마, 새벽 4시쯤 되었을 거야."

"누군가 2층 응접실에 숨어 있나 봐."

레이몽드는 쉬잔의 허리를 가볍게 껴안으며 2층 응접실 쪽으로 귀를 기울였다.

"이상하다! 그런데 왜 다른 사람들은 조용할까? 저 소리를 듣지 못하나 봐?"

"그런가 봐. 하인들은 4층에서 자고 있으니까, 저 소리를 듣지 못하나 봐!"

"하지만, 쉬잔! 너의 아버지 제브르 백작과 비서 다발 씨는 2층에서 주무시고 계시잖아? 그런데 아무 기척이 없는 걸 보면 이상해. 그렇다면 그 두 사람이 저 수상한 사람에게……."

그러자 레이몽드와 쉬잔은 얼굴이 새파랗게 질리며 사시나무 떨듯하였다.

누구에겐가 도움을 청하면 2층의 도둑이 올라와서 어떤 짓을 할지 몰라 끙끙 앓고 있으려니 더욱 무서워졌다.

"날이 밝으려면 아직도 한참 있어야 할 텐데……."

레이몽드와 쉬잔은 창가로 다가가서 정원을 내려다보았다.

"앗! 저기에 웬 남자가……."

쉬잔이 겁에 질린 목소리로 말하였다.

그 때 커다란 물건을 둘러멘 남자가 연못 옆을 지나 달려가는 모습이 보였다.

무엇인가 훔쳐 도망가는 것이 틀림없었으나, 누가 무엇을 훔쳐 가는지는 알 수 없었다. 그러나 훔쳐 가는 물건의 부피가 커서 끙끙거리며 도망치는 것이 분명하였다.

그 남자는 교회를 지나 나무 숲 건너편 담 쪽으로 모습을 감추었다.

그 담에는 작은 쪽문 하나가 있었다.

"이층 응접실에서 나간 것 같아!"

레이몽드는 이렇게 이야기하면서 몸을 아래로 굽혀 내려다보았다.

"아니, 저기 또 있네……."

역시 큰 물건을 안은 다른 남자가 2층 발코니에서 사다리를 타고 내려가 먼저 남자처럼 연못 쪽으로 도망치는 것이 보였다.

"누구예요!"

레이몽드는 큰 소리로 외치고는 벨을 힘껏 눌렀다. 벨은 2층과 4층 하인 방에서 동시에 시끄러울 정도로 크게 났다.

그 때 2층에서 요란한 격투 소리가 들려왔다.

'우당탕' 하고 가구 무너지는 소리, 큰 물건 던지는 소리, 기어드는 비명 같은 신음 소리가 범벅이 되어 들려왔다.

쉬잔은 무서워서 방바닥에 주저앉고 말았다.

이어서 무서운 비명 소리가 집 안에 울려 퍼졌다.

레이몽드는 얼굴이 창백해졌다.

그러나 레이몽드는 용감하게 2층으로 뛰어내려갔다. 레이몽드는 응접실 문을 열고 들어서는 순간 외마디 소리를 내뱉었다.

"앗!"

레이몽드는 그 자리에 우뚝 선 채로 비명을 질렀다.

갑자기 강렬한 빛이 쏟아져 눈앞에 아무것도 보이지 않았다.

응접실 안에서 한 남자가 회중 전등을 바로 눈앞 가까이에 들이댔기 때문이다.

그 순간 울면서 뒤따라 들어온 쉬잔에게 회중 전등의 초점이 돌아가자 레이몽드는 그 남자의 얼굴을 볼 수 있었다. 그는 어깨는 딱 벌어졌으나 말랐으며, 키가 크고 단단하게 느껴지는 청년이었다.

그 남자는 태연한 표정으로 레이몽드와 쉬잔을 노려보았다. 레이몽드와 쉬잔은 못에 박힌 듯 그 자리에서 꼼짝도 할 수 없었다.

남자는 매우 침착한 태도로 방 안에 흩어진 휴지와 밀짚을 주워 여기 저기 나 있는 발자국을 지웠다. 그러고는 레이몽드와 쉬잔의 옆을 지나 발코니로 나가 뒤를 돌아보며 정중하게 인사를 하고 히죽 웃으며 사다리를 타고 내려갔다.

그 때까지 꼼짝도 못하고 서 있던 레이몽드와 쉬잔은 한숨을 내쉬었다.

온몸에 힘이 빠지는 듯했으며, 더 이상 서 있기가 힘들어 쉬잔은 옆에 있는 아버지 침실로 뛰어들어갔다. 그 순간 그녀는 외마디 비명을 질렀다.

"앗!"

창 너머로 들어오는 달빛에 두 사람의 시체가 보였다. 한 사람은 아버지 제브르 백작이었고, 또 한 사람은 비서 다발 씨였다.

쉬잔은 허겁지겁 달려들며 아버지의 몸을 흔들었다.

"아버지, 아버지……."

그러자 죽은 줄만 알았던 아버지가 눈을 뜨더니 쉬잔을 보며, 숨이 막히는 듯 중얼거렸다.

"오, 쉬잔, 나는 괜찮다. 다발은 어떻게 되었느냐? 단검은……."

다발은, 레이몽드가 안아 일으켰으나 호흡이 흐려지더니 레이몽드의 무릎 위로 고개를 떨어뜨리고 말았다. 그의 가슴에서 뜨거운 피가 흘러내려 방 안에 흩어졌다.

그 때 하인 두 사람이 벨 소리에 놀라 4층에서 뛰어내려왔다.

레이몽드는 다발의 시체를 내려놓고 응접실 벽에 걸려 있는 소총을 들고 발코니로 나가 정원을 살펴보았다.

"아! 아직 있었구나."

달빛 속에서 남자가 무너진 교회 옆에 있는 석상을 뛰어넘는 모습이 보였다.

레이몽드는 방아쇠를 당겼다.

"탕!"

총소리가 새벽 밤하늘의 고요함을 깨뜨리듯 울려 퍼졌다. 남자는 몸을 위로 한 번 치솟더니 쓰러졌다.

"맞았다!"

하인 빅토르가 외쳤다. 총에 맞은 도둑은 다시 일어나 비틀거리며 도망치기 시작하였다.

"앗, 빅토르! 도둑이 도망치고 있어요."

"이놈, 거기 섰거라!"

빅토르는 긴 계단을 잽싸게 뛰어내려가며 큰 소리로 도둑에게 소리쳤다. 그러나 도둑은 계속 뛰더니 정원을 채 빠져나가기도 전에 또 쓰러졌다.

"알베르, 저기 좀 봐요!"

레이몽드가 빅토르 옆에 있던 알베르를 불렀다. 그 곳을 보니 난간에서 개처럼 몸을 내밀며 기어가는 도둑이 보였다.

"알베르, 망을 보세요. 내가 갈 테니……."

"아가씨, 위험해요."

"걱정 마세요. 총이 있으니까……."

레이몽드는 큰 소리로 말하고는 계단을 뛰어내려갔다. 레이몽드가 교회 쪽으로 달려가자, 알베르가 외쳤다.

"아가씨, 범인이 쪽문 뒤에 숨었어요. 가지 마세요!"

알베르도 뛰어가며 큰 소리로 레이몽드에게 말하였다. 그러자 레이몽드와 빅토르가 교회 옆쪽에 서서 알베르를 바라보았다.

"빅토르, 어떻게 되었지?"

"헛일이야, 놓쳤어!"

"뭐라고? 그 녀석은 쪽문으로 도망친 것 같아."

"쪽문은 내가 지키고 서 있었는데, 도둑의 그림자도 보이지 않았어!"

"그럼, 이상한데? 어쨌든 밖으로 도망칠 길은 없으니, 틀림없이 집 안 어딘가에 숨었을 거야!"

그 때, 레이몽드가 쏜 총소리에 놀라 모든 하인들이 농장의 오두막에서 달려나왔다.

하인들은 덤불 속에 흩어져 있는 둥근 기둥, 나무토막 등에 휘감겨 있는 담쟁이덩굴까지 뒤져 가며 도둑을 찾아보았으나 범인은 보이지 않았다.

교회의 문은 굳게 닫혀 있었고, 유리창 하나 깨어진 것이 없었으므로 도둑이 교회 안으로 숨어든 흔적을 발견할 수 없었다. 도둑은 연기처럼 어디론가 사라져 버렸다.

다만, 수상한 자가 처음 쓰러졌던 자리에 노란 가죽 모자가 뒹굴고 있었을 뿐이었다.

그 밖에는 아무런 흔적이나 단서도 없었다. 어쩔 수가 없이 그들은 유일한 증거물인 가죽 모자를 챙겨 보관하였다.

연기처럼 사라진 범인들

날이 밝았다.

지방 경찰에서 조사를 나와 현장 검증을 하고, 디에프 검찰청에 결과를 보고하였다.

결과 보고를 받은 검찰청에서는 즉시 검사와 서기를 다시 사건 현장으로 보냈다.

검사와 서기가 탄 자동차가 달려온 뒤, 신문사의 취재 자동차도 달려왔다.

사건이 일어난 본관 건물은 옛날 수도원의 원장이 살던 곳이었다. 프랑스 대혁명 때에 파괴된 것을 제브르 백작이 사들여 다시 수리하여 20년 동안 살고 있는 곳이었다.

제브르 백작은 큰 부자였다. 그는 딸 쉬잔, 비서인 다발, 조카인 레이몽드와 여러 명의 하인을 두고 호화스럽게 살고 있었다.

그러던 중 뜻밖의 사고를 당한 것이었다.

경찰로부터 현장 검증에 관해 자세하게 설명을 들은 검사는 이렇게 말하였다.

"뒤의 쪽문을 제외한 모든 문은 닫혀 있었다. 짐을 든 두 사람은 쪽문으로 도망쳤지만, 그 뒤부터는 빅토르가 지켰기 때문에 중상을 당한 도둑은 쪽문으로 도망칠 수가 없었다, 그런 이야기지? 그렇다면 어디로 도망쳤지?"

"……."

"그렇다면, 두 도둑이 훔쳐간 물건은 무엇이었을까? 없어진 것은 아무것도 없다. 응접실에는 훌륭한 벽걸이와 백작이 가장 아끼는 루벤스의 걸작품 넉 점이 걸려 있었다. 보물 같은 이 물건들은 그대로 있다. 그러나 도둑들은 무엇인가 큰 물건을 짊어지고 도망쳤다. 도대체 어떻게 된 사건인가?"

검사는 이상하게 생각하며 백작의 침실로 갔다. 백작은 별로 다친 곳이 없는 것 같았다.

침실 안에는 시계, 장식물, 의자 등이 어지럽게 쓰러져 있었고, 흩어진 종이에는 피가 묻어 있었다.

벽 쪽에는 정장 차림인 다발의 시체가 하얀 천으로 덮여져 가로놓여 있었다.

　의사가 피투성이인 셔츠를 젖히자, 가슴의 커다란 상처가 드러났다.

　"예리한 칼에 찔려 즉시 사망한 것 같군요."

　의사가 그의 죽음에 대하여 소견을 밝혔다.

　"어젯밤 사건 당시의 상황을 좀 자세히 설명해 주십시오."

　검사가 백작에게 요구하였다.

　"예, 나는 어젯밤 잠이 안 와서 뒤척거리다가 깜박 잠이 들었는데, 다발이 촛불을 들고 와서 나를 깨웠어요."

　"다발은 낮에 입은 정장 차림으로 죽었어요. 무슨 이상한 일은 없었습니까?"

　"다발은 일이 바빠 낮에 입은 정장 그대로 밤늦게 또는 밤을 새며 일할 때가 많습니다. 참, 나를 깨울 때 무척 당황하는 표정이었어요. '응접실에 누가 들어온 것 같습니다.' 라고 나한테 속삭였습니다. 그래서 귀를 기울였더니 희미하게 사람 발자국 소리가 들렸습니다. 내가 가만히 문을 열고 나가자 뒤쪽에서 도둑이 덤벼들어 내 머리를 힘껏 내리쳤습니다. 나는 정신을 잃고 말았어요. 그 뒤로는 아무것도 기억할 수 없어요. 정신이 들었을 때는 다발이 피를 흘리며 쓰러져 있었습니다."

　"그렇습니까? 그럼 무언가 짐작이 가는 것도 없으십니까? 예를 들면 누구에게 원한을 살 만한 일이라든지……."

　"그런 일은 전혀 없어요."

　"다발 씨 쪽에도 없을까요?"

　"그는 존경받는 청년입니다. 그런 사람은 흔치 않아요."

　"그럼, 원한 관계는 아니고. 참, 뭐 잃어버린 물건은 없습니까?"

　"현재로는 아무것도 없습니다."

"참 이상하군요. 두 아가씨는 분명 도둑들이 큰 물건을 둘러메고 도망가는 것을 보았다고 증언했는데……."

"나도 그 점이 이상해요. 설마 두 아이 모두 꿈을 꾼 것도 아닐 텐데……."

검사는 다시 쉬잔과 레이몽드를 불러 조사하였다.

쉬잔은 그 때까지 겁에 질려 있었으나, 레이몽드는 침착하게 검사의 질문에 또박또박 본 대로 대답하였다.

"그 이야기가 사실이지요?"

"그럼요, 틀림없습니다. 분명히 두 남자는 큰 물건을 둘러메고 도망쳤어요."

"세 번째 남자는? 인상이라든가 몸집은 어땠나요?"

"분명하지는 않지만 키가 크고 뚱뚱했어요. 그렇지만 혹시 회중 전등 불빛 때문에……."

"아가씨도 그렇게 보았나요?"

검사가 쉬잔에게 물었다.

"글쎄요, 키는 중키쯤 되어 보였고, 좀 말랐던 것 같아요."

"오, 그렇습니까? 참, 묘하군요. 큰 물건을 두 남자가 짊어지고 갔는데 없어진 것은 없다. 제3의 범인은 키가 크고 뚱뚱하다, 야위었다. 그리고 중상을 입었는데도 연기처럼 사라져 버렸다?"

검사는 이렇게 혼잣말처럼 중얼거리며 빙그레 웃었다.

정말 알 수 없는 괴상한 사건이었다.

"직접 보는 것처럼 정확한 것도 없는데……."

검사는 다시 이렇게 중얼거렸다.

그러나 이번 경우는 강렬한 불빛 때문에 눈을 제대로 뜰 수가 없는 상황이었고, 위험에 직면하였던 아가씨들이라 범인을 생각해 내라는 주문이 무리라고 검사는 생각하였다.

그러니까 증언이 엇갈리는 것은 어쩔 수 없었다. 그러나 중상을 입은 범인이 감쪽같이 사라진 것을 어떻게 해석하여야 좋을지 생각이 떠오르지 않았다.

"문은 모두 닫혀 있었다?"

검사는 이렇게 자신에게 반문하였다.

넓은 정원을 샅샅이 뒤져 보았다. 교회 안으로는 들어갈 수 없게 되어 있었고, 한밤중의 도둑은 하늘로 솟아오른 것인가, 아니면 연기처럼 증발해 버린 것인가!

"도대체 모르겠는걸. 범인은 집 안 어딘가에 숨어 있을 것이다. 이 정원 어딘가에 있을 것이다. 조사 범위는 매우 좁다. 다시 철저히 조사해 보도록……."

검사는 이렇게 재조사를 지시하였다. 그러고는 노란 가죽 모자를 집어들고 모자 안쪽을 살폈다.

"디에프 시의 맥그루 모자 집에서 만든 것이군요. 이봐요, 경찰부장. 부하 한 사람을 이 모자 집으로 보내서 누가 사 갔는지 조사해 보도록 하세요."

조사는 다시 시작되었다. 그러자 짓밟힌 잡초 속에서 범인의 발자국과 거의 까맣게 마른 핏자국이 두 군데 흠뻑 풀잎을 물들여 놓은 곳이 발견되었다.

"범인은 여기에서 일단 쓰러졌다. 그러면 어디로 도망쳤을까? 혼자 기어갔을까? 아니면 동료가 옮겼을까?"

그러나 다른 풀잎에서는 범인의 흔적을 찾을 수가 없었다.

검사는 교회의 큰문을 열었다. 교회 정면의 현관 계단 위에도 기독교 성인들의 석상이 옛날 그대로의 모습대로 우뚝 서 있었다. 그것들은 하나같이 국보급의 훌륭한 예술 작품이었다.

교회 안에는 대리석 계단 외에는 아무것도 없어서 숨을 만한 곳이라곤 없었다.

쪽문을 조사하자 마른 흙 위로 자동차 바퀴가 굴러간 흔적이 있었다.

"아! 아가씨가 총을 쏜 뒤 바로 자동차 소리를 들었던 것 같습니다."

빅토르가 이렇게 말하였다.

"그렇다면, 자동차로 도망쳤나?"

"아닙니다. 그 때 나는 이미 쪽문을 지키고 있었고요, 아가씨와 알베르가 도둑이 덤불 속에 쓰러진 것을 보았습니다. 반드시 녀석은 집 안 어딘가에 숨어 있을 거예요."

검사는 고개를 갸우뚱거리며 무엇인가 골똘하게 생각하고 있었다.

협박장

시간은 벌써 낮 12시를 훨씬 지나 있었다.

제브르 백작은 검사와 형사, 그리고 기자들을 식탁에 초대하고 점심 식사를 하기 시작하였다.

모두들 이 이상한 사건을 어떻게 처리해야 할지 몰라서 조용히 식사만 하고 있었다.

식사가 끝나자 하인들을 불러 다시 그 때의 일을 알아보기로 하였고, 여러 가지 조사 방법에 대하여서도 의견을 나누었다.

그 때, 디에프 시에 나갔던 경찰관 한 명이 노란 가죽 모자를 가지고 돌아왔다.

"어떻게 되었나? 모자 집 주인을 만나 보았나?"

검사가 성급하게 물었다.

"예! 이 모자를 사 간 사람은 어떤 운전사였답니다."

"뭐? 운전사라?"

"예, 가게 주인의 말로는 자동차를 가게 앞에 세워 놓고 들어와 이 모자를 달라고 하더니 써 보지도 않고 급히 사 가지고 갔다고 합니다."

"그 때가 언제쯤이래?"

"바로 오늘 아침이랍니다."

"무슨 소리야? 그 모자는 어젯밤에 정원에서 발견된 것인데……."

검사는 잠시 생각에 잠겼다가 갑자기 무슨 생각이 떠올랐는지 얼른 일어나며 다급한 목소리로 말하였다.

"형사부장, 오늘 아침에 우리를 태우고 온 운전사를 데려오게!"

"식당에서 점심을 먹고 지금 막 나갔습니다."

"나갔다고? 그 자동차를 타고 말인가?"

"아니오, 이 근처 친척 집에 다녀온다고 하며 자동차를 빌려 타고 나갔답니다."

"모자를 쓰고 갔나?"

"예, 뒷주머니에서 노란 모자를 꺼내 쓰고 갔어요."

"뭐? 노란 모자를 쓰고 가?"

"가죽 모자였다고 합니다."

"가죽 모자? 그건 여기 있지 않은가?"

검사는 가죽 모자를 가리켰다.

"검사님! 똑같은 모자가 둘이 있었나 봅니다. 여기 이 모자는 수사에 도움이 되지 않는 가짜 모자입니다. 범인은 단 하나의 증거물을 되찾아 가기 위하여 운전사에게 노란 모자를 사오게 한 뒤, 진짜 모자와 슬쩍 바꿔치기한 게 아닐까요?"

"그렇다! 그럼 범인은 집 안에 있다. 그렇지 않고서는 운전사에게 시킬 수가 없지!"

"예! 범인은 변장을 하고 숨어 있을 가능성이 높습니다. 물론 운전사도 그 일당일 겁니다. 그 밖에도 또 누군가가 숨어서 우리를 살피고 있는지도 모릅니다. 아, 검사님! 이것 좀 보세요. 운전사의 외투 주머니 속에 이런 것이 들어 있습니다."

형사가 넷으로 접혀 있는 종이를 검사에게 보여주었다. 검사가 대수롭지 않다는 듯이 종이를 펴 보니 연필로 낙서처럼 휘갈겨 쓴 글씨가 있었다.

우리 두목이 죽는다면 딸에게도 좋지 않은 일이 있을 것이다.

"아, 이것은 무서운 협박장이다!"

검사는 가볍게 몸을 떨었다.

흉악한 범인은 경찰의 어떠한 경계라도 뚫고 빠져나갈 수 있고, 레이몽드와 쉬잔에게 무서운 검은 손도 뻗칠 수 있다는 경고였다.

검사는 기자 두 사람에게 물었다.

"어느 신문사 기자입니까?"

"루앙 매일 신문 기자입니다."

젊은이는 검사에게 신분증을 보여주었다.

"좋아요! 그럼 당신은……."

이번에 검사는 키가 크고 이마가 넓으며 갈색 수염이 난 젊은이에게 물었다.

"저는 기자가 아니라 자유 기고가입니다. 여러 신문사에 원고를 보내고 있지요."

"자유 기고가라는 신분증을 보여주십시오."

"그런 신분증은 없습니다."

검사는 의심스럽다는 듯이 다시 질문을 하였다.

"신문 기자가 아니라면?"

"예, 저는 이지돌 보틀레라는 장송 고등학교 학생입니다."

"뭐? 고등학생? 그렇게 수염을 기르고 다니는 고등학생도 있는가?"

"그럼요!"

이지돌은 빙그레 웃으면서 턱에 붙였던 수염을 뜯어내었다. 그리고 소년다운 앳된 얼굴로, 하얀 이를 드러내 보이며 웃었다.

"여기 아버지께서 저에게 보낸 편지가 있어요. 증명서 대신 도움이 될 수도 있을 것 같습니다, 검사님."

그가 내민 편지 봉투에는 '장송 고등학교 기숙생 이지돌 보틀레'라고 씌어 있었다.

검사는 언짢은 표정을 지으면서 물었다.

"고등학생이 왜 변장을 하고, 이 곳에 뭣하러 왔나?"

"검사님, 저는 봄방학 중입니다. 그래서 공부를 하러 다닙니다."

"무슨 공부?"

"범죄학의 현장 견학입니다. 저는 추리 소설을 좋아하고, 복잡한 괴기 사건을 공상하는 일에 흥미를 가지고 있습니다. 장차 명탐정이 되고 싶어 가짜 수염을 붙이고 파리의 한 신문사 기자로 행세하며, 영국이 바라보이는 이 바닷가에서 일주일간의 방학을 보내면서 각종 현장 학습을 하고 있습니다."

"멋진 학생이군! 자네 아버지는 누구이신가?"

"사부아에 살고 계세요."

"자네는 어떻게 여기에 오게 되었나?"

"아버지께서는 노르망디로 여행을 보내 주셨어요. 거기서 루앙 매일

신문 기자인 이 분을 만났지요. 그 뒤로 늘 가깝게 따라다녔어요. 오늘 아침에도 이 저택에서 괴이한 일이 일어났다며 저를 데리고 왔습니다."

너무나 솔직하고 꾸밈없는 이지돌의 말을 들은 검사는 어이가 없다는 듯이 쓴웃음을 지었다.

"그래! 그러면 소년 명탐정은 이 사건에서 짐작되는 것이라도 있나?"

"글쎄요. 제 생각에 이 사건은 전모를 파악하기 어려운 복잡한 사건으로 느껴집니다. 소설 같은 기괴한 사건 같아요. 하나하나 차근차근 생각하면서 풀어나가야 할 것 같아요."

"허허, 자네 재미있는 말을 하는군! 나는 이제까지 아무 단서도 잡아내지 못했거든. 그런데 자네는 이 사건의 수수께끼를 잘 알고 있는 것같이 말하는군."

"예, 알고 있습니다."

그러자 검사는 물론, 주위에 있던 사람들도 모두 이지돌을 바라보며 눈을 크게 떴다.

"그렇다면 자네는 범인이 누구인지 알고 있다는 건가?"

"그럼요, 숨어 있는 곳까지도 알고 있어요."

그 말에, 아까부터 이지돌의 옆얼굴을 뚫어지게 바라보고 있던 레이몽드가 이지돌의 얼굴을 똑바로 바라보며 단호하게 말하였다.

"검사님! 이 사람에게 어제 왜 쪽문 밖에서 서성거렸는지 한번 물어보세요."

그 순간 이지돌은 깜짝 놀라며 레이몽드에게 질문하였다.

"아가씨! 제가 쪽문 밖에서 서성거렸다고요?"

"그래요. 어제 오후 4시경, 내가 숲 속을 거닐고 있을 때 당신과 똑같은 키에 비슷한 생김새를 한 남자와 시선이 마주쳤어요. 그런데 그 때 그 사람은 나를 보는 순간 어디론가 숨어 버렸어요."

"정말 재미있군요. 그 사람이 바로 나라는 이야기군요, 아가씨."

"기억이 희미하지만, 그 사람과 당신이 너무 닮았어요."

검사는 이 말을 듣고 어떻게 판단해야 할지 몰랐다.

아까는 운전사에게 속고, 이번에는 어린 고등학생에게 속는 것 같아 검사로서의 체면이 말이 아니라고 생각하였다.

지금까지 순진해 보이던 이지돌이 무척 교활한 소년 같고, 불량기가 많은 장난꾸러기 같아 보였다.

"이봐, 아가씨의 말이 맞나?"

"천만에요, 검사님. 아가씨가 잘못 보았습니다. 저는 어제 그 시간에 부울 마을에 있었습니다. 알리바이를 댈 수 있습니다."

"어쨌든 사건이 점점 복잡해지는군. 이 소년을 내일 아침까지 이 집에 감금해 두게."

검사는 경찰관에게 엄하게 지시하였다.

"그리고 부울 마을로 급히 가서 이 소년이 그 곳에 있었다는 것을 확인해 오도록."

밤이 되자 다발의 시체는 다른 방으로 옮겨지고, 레이몽드와 쉬잔은 마을 여자 두 명과 함께 밤을 꼬박 새웠다. 경찰관들과 여러 명의 농부가 황폐한 정원을 밤새도록 지켰다.

4월의 봄 밤은 소리 없이 깊어 갔다. 어디선가 향긋한 꽃 냄새가 스며들며 후텁지근한 바람이 간간이 불어왔다.

밤 11시가 지났을 무렵, 어디선가 총소리가 들렸다.

"집 뒤에서 총소리가 났다. 자, 빨리 그 곳으로 가라. 두 사람은 여기를 지키고!"

크비옹 형사부장이 명령을 내렸다. 경찰관들은 빠른 동작으로 본관 뒤쪽으로 달려갔다.

검은 그림자가 미끄러지듯 본관 뒤쪽으로 도망치는 것이 보였다.

그 때, 이번에는 교회와는 반대쪽에서 또 한 발의 총소리가 울렸다.

경찰관들이 그 곳으로 달려갈 때, 농장에 딸린 과수원 울타리 쪽에서 빨간 불길이 치솟아올랐다.

"불이야, 불!"

불기둥이 튀어오르고 헛간이 활활 타고 있었다. 불은 점점 더 거세게 타오르면서 불똥이 본관 지붕 쪽까지 튀어왔다.

"본관이 위험하다! 물, 물을 끼얹어라!"

모두들 필사적으로 불끄기 작업을 펼쳤다. 새벽 2시가 되어서야 겨우 불을 끌 수 있었다.

"일부러 불을 내고 일을 꾸몄군!"

검사는 백작을 비롯한 여러 사람들을 둘러보며 이렇게 중얼거렸다. 그런데 정원을 지키고 있던 경찰관의 모습이 보이지 않았다.

한참 찾아보니 쪽문 근처에 눈이 가려지고 입이 막힌 채 묶여서 쓰러져 있었다.

검사는 그 모습을 보고 혀를 찼다.

"백작! 우리는 감쪽같이 속았습니다. 놈들은 총소리와 불을 속임수로 경찰을 유인하여 중상을 입히고, 숨어 있던 두목을 빼돌렸습니다."

검사는 매우 분하다는 표정으로 이야기를 하였다.

경찰부장이 먼지와 불똥으로 더러워진 얼굴의 땀을 씻으면서 말하였다.

"그토록 샅샅이 뒤져 보았는데……. 도대체 어디에 숨어 있었단 말인가? 꼭 마법에 걸린 것 같아!"

"뜻밖의 실수였어."

검사도 솔직하게 인정하였다. 그러나 실수는 또 있었다.

새벽에 이지돌을 조사하기 위하여 그가 감금된 방으로 가 보니, 자고 있어야 할 소년이 없었다.

그를 감시하던 경찰관은 탁자에 엎드려 자고 있었다. 그 옆에는 주전자와 컵이 있었고, 컵 밑바닥에는 하얀 가루가 남아 있었다.

이지돌은 경찰관에게 잠이 오는 약을 먹게 하고, 곯아떨어진 경찰관의 어깨를 발판으로 창을 넘어 어디론가 사라져 버렸다.

"그는 놈들과 한패다. 알 수 없는 소년이다. 어쨌든 빨리 그 소년의 고향과 장송 고등학교로 경찰을 보내 수사를 해라. 시간이 없다!"

납치된 외과의사

프랑스 파리에서는 유명한 외과의사 드러틀 박사가 부인과 함께 극장에서 영화를 관람하다가 정체 불명의 건장한 사람들에게 끌려간 채 사라진 사건이 일어났다.

"뭐? 드러틀 박사 부부가 괴한들에게 납치당했다고? 이 밤중에…….
행방을 모른다고?"

경찰은 파리 시내 전 지역에 비상망을 펴고 탐문 조사를 펼쳤으나 박사 부부의 행방은 알 수가 없었다.

밤은 점점 깊어져서 탐문 수색을 하는 데 어려움이 많았다. 경찰은 하는 수 없이 날이 밝기를 기다렸다.

다음 날 아침 9시.

드러틀 박사 부부는 자동차에 실려 무사히 돌아왔다. 자동차는 박사 부부를 집 앞에 내려놓고 어디론가 사라져 버렸다.

"어, 박사 부부가 돌아왔다고? 참 괴이한 일이로다!"

경찰은 곧 드러틀 박사에게 자세한 경위를 들으려 하였으나, 박사는 자세한 이야기를 하지 않았다.

박사로부터 겨우 들을 수 있었던 이야기는 납치자들이 매우 예의바른 신사였다는 것과, 자동차로 네 시간 정도 달려가 어느 낡은 호텔로 끌려 들어가서 어떤 환자를 수술했다는 것뿐이었다.

"어느 낡은 호텔, 네 시간 정도의 거리, 환자를 호텔에서 수술해?"

경찰은 알쏭달쏭한 수수께끼에 빠져들고 말았다.

그 이상의 어느 것도 알 수가 없었다. 경찰에서는 그 환자가 백작의 집에서 레이몽드가 쏜 총에 맞은 범인일 것이라고만 추측할 뿐이었다.

경찰은 달아난 운전사의 뒤를 밟아가다가 15킬로쯤 떨어진 어떤 숲 속에 자동차를 버리고, 생니콜라 마을로 걸어간 것을 알아내었다.

   파리 시 제45국 보관 A. L. N. 중태. 수술 급함. 14 국도 지날 것. 외과의사 빨리 보내라!

파리 경찰의 명형사 가니말은 전보 내용을 다시 한 번 훑어보면서 생각에 잠겼다.

"이것은 바로 운전사로 변장한 부하가 증거품인 노란 모자를 훔쳐내어 새로 산 모자와 바꿔치기한 니콜라 마을에서 친 전보이다. '보관'이라는 말은 그들의 은신처를 경찰에게 들키지 않도록 그들이 꾸며댄 비밀 장소이다. 파리의 패거리들은 언제나 45 우체국에 보관된 전보와 편지를 받아 가거든. 그들은 이 전보를 보고 드러틀 박사를 납치하여 14 국도를 지나 '보관' 장소까지 갔던 거야. 그리고 제브르 씨 댁에 숨어 있던 범인들은 불을 지르고, 그 북새통에 총을 맞은 두목을 국도변의 호텔로 옮긴 뒤 그 곳에서 수술을 한 것이다."

가니말 형사는 이렇게 추리의 날개를 펼쳤다. 그것은 매우 정확한 것이었다.

드러틀 박사를 태운 자동차를 보았다는 증인도 나타났다.

"그럼 문제는 '보관'이라는 비밀 단어 속에 숨겨진 호텔이다! 총에 맞아 위급한 환자를 멀리까지 옮겼을 리는 없다. 백작 집 근처의 호텔인데, 먼 곳인 것처럼 하려고 일부러 빙빙 돌아 네 시간쯤 달린 뒤 도착했을 가능성도 있다."

그러나 아무리 조사해 보아도 환자가 머물렀다는 호텔은 한 곳도 없었다.

가니말 형사는 백작 집에 머물면서 조사를 계속하였다.

그러던 어느 날 밤, 수상한 남자가 집 주위에서 서성거리고 있다는 보고가 들어왔다.

"됐다, 그 놈을 체포해라!"

다음 날 밤, 가니말 형사는 부하들을 집 안팎으로 배치하고, 다른 형사와 함께 쪽문 근처에 숨어서 수상한 남자가 나타나기를 기다리고 있었다.

찬바람이 불어오는 밤이었다. 하늘에는 별들이 숨바꼭질하듯 반짝거렸고, 맞은편에는 어둠이 덮여 숲 속이 조용하였다.

그 숲 속에서 누군가가 살금살금 기어오는 것이 보였다.

가니말 형사와 부하들은 숨을 죽이고 가만히 그 모습을 지켜보았다.

수상한 사나이는 활짝 열린 쪽문에서 살그머니 정원 안으로 숨어들더니 풀 속에 쓰러진 돌기둥과 석상을 헤치기도 하고 무엇인가를 열심히 찾고 있었다. 세 시간 정도 그렇게 정원을 살피던 사나이는 이윽고 살금살금 기어 쪽문으로 빠져나가려 하였다.

그 때, 가니말 형사가 그 사나이의 목덜미를 낚아채었다.

그 사나이는 아무 반항 없이 순순히 잡혀 집 안으로 끌려 들어왔으나 아무 말도 하지 않으며,

"피에르 검사님이 오시면 대답하겠습니다."

라고 검사만 찾을 뿐, 더 이상 입을 열지 않았다.

가니말 형사는 간이 큰 녀석이라고 생각하며 그를 옆방 침대 다리에 꽁꽁 묶어 놓았다.

"그래, 거기서 검사님이 오실 때까지 기다려라!"

소년 명탐정

"참, 재수가 없군!"

이지돌은 투덜거리며 긴 밤을 이렇게 침대 다리에 묶인 채 보내었다.

다음 날 아침, 검사가 왔다.

가니말 형사의 보고를 듣고 옆방으로 간 검사는 놀라며 우뚝 섰다.

"아니, 이지돌 탐정! 어떻게 된 일인가? 어쨌든 잘 왔네. 대접이 말이 아니군."

검사는 곧 풀어 주라고 명령을 하였다.

"검사님, 죄송해요. 제멋대로 도망쳤던 일……."

"괜찮아, 자네를 도둑과 한패라고 잘못 생각했던 우리가 잘못이지."

"검사님, 그러면 혐의가 풀린 건가요?"

"풀리고말고. 자네 고향과 고등학교까지도 조사했어. 그리고 레이몽드가 보았다는 시간에 부울 마을에 있었다는 사실도 확인되었지. 다만 그 때 이 곳에 있었던 자네와 닮은 남자의 정체는 아직도 알 수가 없어. 아, 가니말 형사, 이 소년은 이지돌 보틀레 군이야. 전문가 못지않게 뛰어난 소년 명탐정이거든. 잘못을 사과하는 뜻에서 악수라도

하게."

"아, 그렇군! 어젯밤에는 꼭 범인과 한패인 줄 알았지. 너에 대해서는 이미 잘 알고 있다. 파리에서 유명한 소년 탐정이라지. 그러나 이름 따로, 얼굴 따로 알고 있는 탓에 어젯밤에는 실수를 했구나!"

가니말 형사는 이렇게 말하면서 껄껄 웃었다. 검사가 이지돌에 대하여 다시 이야기를 하였다.

"가니말 형사! 이 소년은 학교에서 소년 홈스라는 별명이 붙어 있네. 그만큼 훌륭한 탐정이지. 게다가 관찰력과 추리력이 대단하여 우리도 협력을 부탁해야 할 거야. 하지만 이지돌 군, 자네는 처벌을 받아야 해. 경찰에게 수면제를 먹이고 창문으로 도망을 쳤으니까."

"죄송합니다. 그날 밤 안으로 꼭 알아볼 급한 일이 생겨서 그랬습니다. 그 날부터 저는 나름대로 조사하고 수집하여 모든 증거를 모았습니다. 그리고 관찰하며 추리를 계속하였습니다."

"그래? 그 결과는?"

"도둑은 백작 집에서 무엇인가를 훔쳐갔습니다. 그것은 두 아가씨도 물건을 훔쳐 가는 것을 보았다고 한 것과 같습니다. 그러나 아무리 조사를 해보아도 없어진 물건이 없다고 하였습니다. 백작도 잃어버린 물건이 없다고 하였지요."

"그랬지. 바로 그것이 이상하단 말이야."

"그 수수께끼를 푸는 방법은 난 한 가지뿐입니다. 즉, 훔쳐간 물건과 똑같은 가짜를 살짝 그 자리에 바꿔 놓은 것입니다."

그 말을 듣자 검사는 무릎을 탁 치며 무언가 깨달은 표정을 지었다.

"옳지, 바로 그것이야! 노란 가죽 모자가 감쪽같이 바꿔치기된 것처럼 말이지."

"검사님, 그렇다면 놈들은 무엇을 바꿔치기한 걸까요? 이 응접실에서 탐나는 것은 두 가지입니다. 하나는 벽걸이이고, 또 하나는 루벤스의 그림 넉 점입니다. 벽걸이는 모조품을 만들기가 어려워요. 루벤스의 그림들은 엉뚱한 가짜입니다."

"설마 그럴 리가?"

"제가 조사한 바로는 1년 전에 젊은 화가 한 사람이 이 저택에 찾아와서 루벤스의 그림을 그릴 수 있게 해 달라고 간청한 일이 있습니다. 그 젊은 화가는 백작의 허락을 받고 5개월 동안 저 그림을 완성하였지요. 그런데 사건이 나던 날 밤, 도둑은 가짜 그림을 들고 와서 진짜 그림과 바꿔치기한 것입니다. 두 명의 도둑이 가져간 것은 바로 그림 넉 점입니다."

이지돌의 말을 듣던 검사와 가니말 형사는 도무지 믿어지지 않는다는 표정으로 이지돌을 물끄러미 바라보았다.

"백작, 이 소년의 말이 사실입니까?"

그러자 백작은 주저주저하더니 마침내 가짜라고 털어놓았다.

"언제 가짜라는 걸 알았지요?"

"다발이 죽은 날 아침에 알았습니다."

"그럼, 왜 그런 사실을 지금까지 숨겼지요?"

"나는 아무 소동 없이 범인과 연락하여 얼마의 돈을 더 주더라도 진짜 그림을 되돌려 받을 생각을 하고 있었기 때문입니다. 공연히 잘못하다가는 경찰에 쫓기는 범인들이 넉 점의 그림을 불태워 버릴 가능성이 있고, 아니면 외국으로 빼돌릴지도 모른다는 생각이 들었기 때문입니다."

"백작, 하지만 범인과 연락할 방법이 없지 않습니까?"

백작은 곤란한 듯이 눈을 감았다. 그 때 이지돌이 말하였다.

"신문에 루벤스의 그림을 사겠다는 광고를 내면 어떨까요?"

"과연 훌륭한 생각이로군!"

모두 이지돌을 보며 감탄을 하였다. 그러나 이지돌은 엉뚱한 이야기를 하였다.

"그건 아무것도 아니에요."

"그럼, 범인을 알고 있다는 이야기 같은데?"

"예! 그렇습니다."

"범인은 중상을 당하고 의사의 수술을 받은 뒤, 지금쯤 어딘가에 숨어 있다는 이야기 말이지……."

"검사님, 그런 것이 아닙니다. 그림을 훔쳐간 도둑과 다발을 죽인 살인범은 각각 다른 사람입니다."

"뭐, 다른 자라고? 그게 누구인가?"

"그것은……."

이지돌은 머뭇거리다가 말을 하였다.

"범인이 누구라고 지목하기 전에 도둑과 살인범이 다르다는 것부터 말씀드리겠어요."

"어서 말하게!"

"간단하지요. 검사님, 다발 씨가 살해된 것은 새벽 4시였다고 했지요. 그 때 정장 차림이었다고 했습니다."

"그건 백작이 분명히 그렇게 이야기했지. 다발은 밤을 새워 일을 했다고……."

"그런데 하인들은 그 반대로 말하였습니다. 다발은 언제나 일찍 잤다는 것입니다. 그날 밤 늦게까지 일을 했다면 침대 위의 이불이 왜 어지럽게 있었을까요? 그리고 그날 밤, 여느 때와 마찬가지로 일찍 잤다면 이상한 소리를 듣고 일부러 정장을 한 뒤, 백작을 깨우러 갔다고는 볼 수 없지 않습니까?"

"음, 그렇구나!"

"저는 다발이 이상하다고 생각되어 그 쪽으로 조사를 했어요. 그 과정에서 루벤스의 그림을 그리게 한 청년도 다발이 소개했다는 것을 알았습니다. 결국 다발도 도둑도 화가도 모두 한패였습니다."

"이봐! 자네 지나치지 않은가? 무슨 증거로 그렇게 이야기하나?"

"예, 다발의 책상 위에 있는 고무판 밑에를 보세요. '제45국 A. L. N.'이라고 씌어 있는 종이가 있습니다. 이것은 운전사가 니콜라에서 친 전보와 내용이 같아요. 그것은 다발이 놈들과 연락을 취하고 있었다는 증거가 아닐까요?"

"으흠, 그랬구나……."

"그러니, 다발을 죽인 것은 도둑이 아닐 거예요. 그리고 또 한 가지 있습니다. 백작이 기절하였다가 정신을 되찾았을 때 딸에게 했다는 말을 다시 한 번 생각해 보세요. 백작은 '나는 괜찮다. 다발은 어떻게 되었니? 단검은?' 하고 말했다고 합니다. 그런데 백작은 그 뒤에 '도둑이 나에게 덤벼들자마자 나의 머리를 내려쳤다.'고 말하였습니다. 그렇다면 기절한 백작은 다발이 도둑에게 당했다는 것을 알고 있었다는 이야기인데, 어떻게 그럴 수가 있나요? 더구나 단검으로 당했다는 것까지 알 수 있었을까요? 백작은 저 그림이 가짜임을 알고도 숨긴 것처럼 무엇인가 또 숨기고 있어요."

이지돌은 당당하게 말하였다. 순간 백작의 얼굴은 새파랗게 질렸다.

검사와 가니말 형사는 서로 마주 보며 무엇인가 정리하는 눈치였다.

이지돌은 계속 말을 이었다.

"다발은 도둑의 두목과 두 부하를 응접실로 데려왔지요. 그리고 그림을 가짜로 바꾼 뒤, 도둑이 그림을 가지고 나가도록 하고 두목과 함께 발자국을 지우고 있었습니다. 그 때 백작이 잠에서 깨어 걸어 나왔지요. 다급해진 다발은 벽에 걸린 단검을 내려 백작에게 덤벼들었고, 백작은 단검을 빼앗으려고 했어요. 두 사람이 필사적으로 싸우는 사이에 다발은 단검에 찔렸고, 두목은 백작을 쓰러뜨렸지요. 그 소리에 레이몽드와 쉬잔이 달려와 두목을 본 것입니다."

"백작, 이 소년의 말이 맞습니까?"

백작의 얼굴에서는 식은땀이 흐르고 있었다.

"예, 사실입니다."

"다발을 죽인 것은 정당 방위이기 때문에 죄가 되지 않는데, 왜 사실을 숨겼습니까?"

그러자 백작은 지금까지 감추고 있었던 시체의 지갑 속에서 발견한 두 장의 종이를 내밀었다.

그것은 다발이 도둑에게 보냈던 두 통의 편지였다.

"다발은 내 밑에서 20년 동안 성실하게 일했어요. 나쁜 꾐에 넘어가 결국 나를 배반하기는 했으나, 죽은 사람을 더 나쁘게 하고 싶지 않아서 숨겼습니다."

백작은 이렇게 말하고는 피곤하여 잠시 쉬고 싶다고 하며 힘없이 침실로 들어갔다.

괴상한 도둑 뤼팽

"이지돌, 역시 자네는 대단하군. 제2의 셜록 홈스란 말이야! 그런데 범인이 숨었을 거라고 생각되는 곳이 없나?"

검사는 부드럽게 질문하였다.

"그 녀석이 어디 숨었지? 호텔에서 드러틀 박사에게 수술을 받았다는 것은 알아냈지만, 그 호텔이 어딘지는 모르겠단 말이야."

"검사님, 호텔은 아닙니다."

"그게 무슨 소리야? 호텔이 아니라면 어디란 말인가?"

"그것은 위장술입니다. 부상당한 두목을 호텔로 옮길 만큼 대담한 녀석들은 아닙니다."

"하지만 드러틀 박사가 틀림없이 그렇게 증언하지 않았나? 파리 극장에서 네 시간쯤 떨어진 낡고 지저분한 호텔에서 수술을 해 주었다고 말이야."

"그것은 함정입니다. 도둑들은 부상당한 두목의 은신처를 경찰에 알리지 못하도록 위협했어요. 그렇게 하지 않으면 가족들을 그냥 놔두지 않겠다고 협박했습니다. 그래서 드러틀 박사는 거짓말을 할 수밖에 없었다고 봅니다."

"뭐? 그렇다면 어디란 말인가?"

"바로 이 집 안일 것입니다."

"그럴 수가……."

"옛날의 수도원 뒤뜰의 벽이나 석상이 굴러다니는 곳 밑에 숨어 있을지 몰라요. 검사님, 다시 한 번 샅샅이 뒤져 보는 것이 좋을 것 같아요. 이 집 안 어딘가에 아르센 뤼팽이 숨어 있을 것만 같은 생각이 들어요."

"뭐? 아르센 뤼팽?"

검사는 깜짝 놀랐다.

"그럼 중상을 당한 도둑이 바로 뤼팽이라는 말인가? 며칠 동안 이렇게 물샐 틈 없이 경계하고 있었는데, 우리를 놀리는 것 아닌가? 아무리 소년 명탐정의 말이라도 믿을 수 없는 일이네……."

검사는 흥분하였다. 이지돌에게 지고 있다는 느낌이 들었기 때문이다.

그러자 옆에 있던 가니말 형사가 밝게 웃으며, 대견스러운 얼굴로 이지돌을 바라보았다.

"가니말 형사님은 제 의견을 어떻게 생각하세요?"

이지돌이 빙긋 웃으며 물었다.

"물론이지. 나도 뤼팽이라고는 짐작하고 있어. 그 놈의 기막힌 수법과 너무나 닮았기 때문이야."

"어떻게 뤼팽이라는 생각을 갖게 되었지?"

검사가 이지돌에게 질문을 하였다.

"예. 이 편지의 이름인 A.L.N.을 보세요. 이것은 아르센 뤼팽의 머리 글자들입니다."

"오! 훌륭하다. 그렇게 통찰력이 뛰어난 자네에게 감복할 뿐이네."

유명한 형사로 소문난 가니말로부터 칭찬을 받자, 이지돌의 얼굴은 부끄러움과 감격으로 빨갛게 달아올랐다.

"나도 처음부터 괴도 뤼팽의 소행이라고 짐작은 했네. 그러나 이 집 안에 숨어 있을 거라고는 생각하지 않았네. 어리석게도 드러틀 박사의 말을 그대로 믿었지. 허허, 문제의 호텔을 찾느라고 헛수고만 한 셈이야."

가니말 형사는 쓸쓸하게 웃었다. 이지돌은 점점 더 의기양양하여 말을 이었다.

"뤼팽은 총에 맞아 더 이상 도망칠 수가 없었는데, 다음 날 아침 그의 부하가 검사님이 탄 자동차의 운전자로 변장하고 들어와 중상을 당한 뤼팽을 보고 수를 꾸몄어요. '두목이 죽으면 딸은 무사하지 못할 것이다.'라고 협박장을 쓴 것입니다. 그리고 유일한 증거품인 노란 가죽 모자를 가짜와 바꿔치기하고 도망을 쳤어요. 그러고는 니콜라 마을에서 파리의 동료에게 전보를 쳤던 겁니다."

"그렇다면 그 어수선한 틈에 뤼팽을 옮겨 가지는 않았을까?"

"아니지요. 중상을 당한 뤼팽을 옮기는 일은 불가능합니다. 그러니까 불을 내놓고 소동을 벌인 것은 바로 드러틀 박사를 데려오기 위한 작전이었지요. 그러니까 수술은 호텔이 아니라 이 집 정원의 지하 어디에선가 이루어졌다고 봅니다."

"그러나 그 뒤부터는 이 곳의 경계가 더욱 심해져서 의사든, 부하든 그 누구도 들어올 수 없지 않았는가? 그런 속에서 어떻게……?"

"지금까지 살아 있는지, 죽었는지는 알 수 없지요. 그러나 뤼팽이 여기에 있다는 것은 틀림없는 것 같습니다."

이지돌의 별같이 빛나는 시선은 쓰러져 있는 수도원 벽 쪽을 뚫어지게 바라보고 있었다. 무엇인가 찾아내고야 말겠다는 그런 의지였다.

"만약 뤼팽이 죽어 있다면……"

검사가 조그마한 목소리로 혼잣말처럼 말을 하였다.

"죽었다면 이 곳을 더욱 철저하게 지켜야만 합니다. 그들은 협박장에 써 놓은 것처럼 백작의 딸도 죽이고 말 것입니다. 그들은 한번 하겠다면 꼭 일을 저지르고 마는 무서운 놈들입니다."

이지돌은 이렇게 말하고는 장송 고등학교 기숙사를 향하여 떠났다. 오늘이 봄방학의 마지막 날이라서 자기가 다니는 학교로 가야 되었기 때문이다.

검사와 가니말 형사는 다시 경찰관들을 동원하여 집 안을 샅샅이 뒤져 보았으나 사람이 숨어 있을 만한 곳을 찾아내지는 못하였다.

가니말 형사가 파리로 가는 마지막 급행 열차로 자신의 아파트로 돌아왔을 때, 이지돌로부터 한 통의 속달 편지가 와 있었다.

　　가니말 형사님께!
　　기숙사로 돌아와 잠시 시간이 생겨 편지를 띄웁니다.
　　기숙사로 돌아오는 길에 다음과 같은 사실이 떠올랐습니다.
　　아르센 뤼팽은 1년 전부터 에린 드 보드레라는 가명으로 파리의 사교계에서도 유명한 신사 행세를 했습니다.
　　그의 주소는 마르브흐 36번지로서 제45국 근처입니다.
　　그리고 그는 이 사건이 있던 전날부터 행방불명이 되었습니다.

　　　　　　　　　　　　　　　　　　이지돌 보틀레 드림

"오, 훌륭한 뉴스로구나!"

가니말 형사는 다음 날 일찍 일어나 마르브흐 36번지로 급히 달려갔다.

그 곳은 고급 주택가인데, 뤼팽이 살던 곳은 1층에 방이 세 개 있는 아주 멋진 집이었다.

그러나 방 안에는 아무것도 없이 깨끗하게 정리되어 있었다. 벽난로 속에 하얀 재가 쌓여 있는 것으로 보아 무슨 중요한 서류를 불태운 것 같았다.

관리인에게 물어보니 벌써 4일 전에 보드레의 친구라는 사람 두 명이 찾아와 방 안의 물건들을 어디론가 가져갔다는 것이었다.

"아, 한 발 늦었구나!"

가니말 형사가 뒤통수를 긁으며 막 집을 나서려는데, 우편 배달부가 들어왔다.

"편지요!"

"누구에게 온 것인가?"

"보드레 씨 앞으로 왔어요."

"나는 경찰이다. 이 편지는 내가 압수하겠다."

가니말 형사가 편지를 받아 보니, 미국의 해링턴이라는 사람이 보낸 것이었다. 가니말 형사는 편지를 뜯었다.

보드레 씨!

제브르 백작의 명화 넉 점을 손에 넣는 즉시, 지금까지의 방법으로 보내 주시기 바랍니다.

그 밖의 것도 입수하면 함께 보내 주십시오. 뜻밖의 급한 일로 저도 그 곳으로 가게 될 겁니다.

아마도 이 편지와 동시에 도착할 것 같습니다.

그랜드 호텔에서 뵙겠습니다.

가니말 형사는 체포 영장을 준비하고 즉시 그랜드 호텔로 달려갔다.

보드레와 공범인 듯한 미국인을 해링턴으로 확인한 뒤 체포하였으나, 그는 좀처럼 입을 열지 않았다.

편지의 글씨조차도 그의 필적인지 아닌지 분명하지가 않았다. 다만 그가 생각보다 많은 돈을 가지고 호텔에 머물고 있었다는 것 외에는 아무것도 알아낼 수 없었다.

그야말로 제2의 괴상한 인물이 나타난 것이었다.

경찰 당국은 디에프 시에 수사 본부를 두고 계속 조사를 펼쳤으나, 아무런 진전이 없었다.

백작 집의 명화가 어디로 갔는지, 뤼팽이 어디에 숨어 있는지 모두 알 수 없는 일들뿐이었다.

그러고 보니, 이 제2의 괴상한 사나이는 왜 나타났는지 궁금하기 짝이 없었다. 수수께끼는 점점 더 알쏭달쏭하게 전개되고 있었다.

이러한 일들로 인해서 검사와 가니말 형사는 거의 집에도 못 가고, 수사 본부에서 고민만 하고 있었다.

소년 명탐정 이지돌은 그런 복잡한 일들은 다 잊어버리고 앞으로 있을 시험 공부에만 몰두하고 있었다.

그는 비록 탐정일에 흥미와 관심이 많아 괴짜처럼 보이기는 하였지만, 학교에서는 매우 성실한 모범 학생이었다.

암호 쪽지

오늘 6월 6일은 강림절이자 마침 토요일이어서 연휴가 되었다.

이지돌은 강림절을 이용하여 디에프 시로 향하였다.

시험 준비로 지친 몸과 마음을 이끌고 자동차에 오른 이지돌은 차가 출발하자마자 바로 잠에 빠져들었다.

자동차가 신나게 달려 루앙 시에 도착할 무렵에야 이지돌은 잠에서 깨어나 달리는 앞쪽을 바라보았다.

앞좌석을 보니 작은 종이가 핀으로 꽂혀 있었다.

"뭘까?"

이지돌은 무심코 그 종이 쪽지를 펴 보았다. 그 종이에는 이렇게 씌어 있었다.

"이지돌, 쓸데없는 참견은 하지 않는 게 좋다. 자네는 공부나 열심히 하는 것이 좋을 거야. 어설프게 손을 댔다가는 목숨이 날아갈 줄 알아라!"

"흥, 이건 굉장한 협박인데……."

이지돌은 이렇게 중얼거리며 코웃음을 쳤다.

"이건 틀림없이 뤼팽 부하의 짓일 거야. 어지간히도 사정이 다급해지고 있나 보군. 뤼팽이 이런 형편없는 연극을 꾸밀 사람은 아닌데……. 그의 운전사의 짓일 거야. 참, 어리석은 놈이로군!"

이지돌은 종이 쪽지를 구겨서 창밖으로 내던지고 다음 역에서 신문 한 장을 샀다.

신문을 펼쳐보던 이지돌은 "앗!" 하고 소리를 질렀다. 그 신문에는 이런 기사가 실려 있었다.

디에프 시로부터의 전화에 의하면, 어젯밤 앙브르메지 마을의 제브르 백작 집에 여러 명의 흉악한 도둑들이 침입하여 그의 딸 쉬잔을 묶고 입에는 수건을 틀어막은 뒤 조카딸 레이몽드를 어디론가 납치

해 갔다.

백작의 집에서 100킬로 지점에 피가 흘러 있었고, 피 묻은 스카프가 발견되었다.

레이몽드 양은 살해되었을 우려가 많다. 백작을 비롯하여 사람들의 걱정과 슬픔은 말할 수도 없다.

"이거 큰일인데! 그 아름답고 용감한 아가씨 레이몽드가 악마 같은 도둑 일당들에게 무참하게 살해되었다는 말인가? 드디어 놈들의 무서운 복수가 시작된 모양이로구나!"

이지돌은 신문 기사를 다시 한 번 읽었다.

"레이몽드가 살해되었다면 뤼팽도 죽은 것이 되는데? 정말 레이몽드도, 뤼팽도 모두 죽었단 말인가? 그건 아닐 텐데……. 아, 모르겠다."

이지돌은 곰곰이 생각해 보았으나, 수수께끼의 대답을 얻을 수가 없었다.

디에프 시의 백작 집에 도착한 이지돌은 문 앞에서 검사와 마주쳤다. 이지돌은 검사에게 빠른 목소리로 물었다.

"신문에 난 기사가 사실입니까?"

"그렇다네. 나도 놀라서 지금 막 오는 길이라네."

"신문 기사에 난 것말고 더 다른 상황은 없습니까?"

"없어, 그게 전부야. 현재로서는……. 이제부터 조사를 해봐야 알겠어."

검사는 서둘러 본관으로 들어섰다.

경찰관 한 명이 구겨진 누런 종이 쪽지를 보여주면서 이렇게 말하였다.

"피 묻은 스카프 근처에 떨어져 있었습니다."

검사는 별 관심 없다는 듯이 종이 쪽지를 받아보고는 이지돌에게 건네 주었다. 이지돌은 그 종이 쪽지를 주의 깊게 살펴보았다. 거기에는 이상한 암호들이 적혀 있었다.

이지돌은 이 암호들을 이리저리 뜯어보았으나, 무슨 내용인지 도무지 알 수가 없었다.

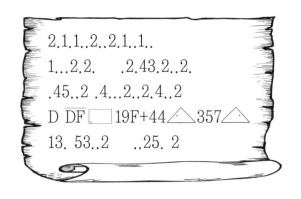

레이몽드의 생사

해가 지고 날이 어두워졌다.

이지돌은 백작 집의 큰 연못가에 혼자 앉아 깊은 생각에 잠겨 있었다. 그 때 검사는 서기 한 명을 데리고 이지돌 옆으로 다가왔다.

"이지돌, 뭐 좋은 생각이라도 해냈는가?"

"검사님, 생각이 떠오르지 않습니다."

"왜 그럴까?"

"글쎄요, 알 수가 없습니다."

"참, 이지돌! 가니말 형사는 파리 경시청으로 갔어. 무슨 일이 생겨서 4, 5일 안에 돌아오기는 어려울 거야. 그래서 백작은 영국에 있는 셜록 홈스에게 도움을 요청하는 전보를 쳤다네."

"예? 그 유명한 명탐정 셜록 홈스 씨에게 도움을 요청했다고요?"

"그렇다네. 이지돌, 자네가 그토록 숭배한다는 세계적인 명탐정 홈스 씨가 당장 이리로 오겠다고 했다네. 하지만 홈스 씨가 오기 전에 우리 손으로 이 사건을 해결해 보고 싶지 않은가? 프랑스 안에서 일어난 사건을 영국 탐정에게 맡긴다면 프랑스 경찰의 체면이 말이 아니지! 이건 완전히 자존심 상하는 일이야."

"검사님, 그렇기는 합니다. 그런데 저는 어젯밤 레이몽드 양이 납치되었을 당시의 상황을 잘 모르고 있습니다. 어젯밤 사건은 도대체 어떻게 된 일입니까?"

"그건 말이야, 어제 가니말 형사가 부하들을 백작의 집 안에 잠복시켜 놓았는데, 밤 11시가 되자 심부름꾼에게서 곧 돌아오라는 가니말 형사의 편지를 받고 모두 경찰서로 돌아갔던 거야."

"그러니까 가짜 편지에 속았군요."

"바로 그거야! 약 한 시간 반 동안 이 집 안에는 경찰관이 단 한 명도 없었지. 그 사이에 레이몽드를 납치해 간 거야."

"그 때 상황을 알아보셨나요?"

"큰 사다리를 두 아가씨의 침실이 있는 3층 베란다에 걸쳐 놓고 올라가 유리창을 깨뜨린 뒤 들어간 것으로 밝혀졌어. 두 명이 쉬잔의 방으로 들어가 그녀의 입을 틀어막고 꽁꽁 묶은 다음, 옆방으로 가서 레이몽드를 납치해 간 것 같아."

"백작의 집 안에는 사나운 셰퍼드가 두 마리나 있지 않습니까?"

"있었지. 그런데 그 개들이 모두 독살당했어!"

"독살? 누가 죽였을까요? 그 개들은 상당히 영리하고 잘 훈련된 개들이라서 낯선 사람들에게는 무척 사납게 짖어 대던데요."

"그런데 죽었단 말이야. 그게 이상해. 범인들은 쪽문을 통해서 숲으로 도망치다가 큰 떡갈나무 아래서 어디론가 도망쳤거든. 피가 그 곳에서 멈추었으니까. 아마 레이몽드도 그쯤에서 살해되었을 것 같아."

"왜 침실에서 죽이지 않고 숲 속까지 끌고 갔을까요? 그건 분명히 헛수고인데, 이상하지 않습니까?"

"처음에는 죽일 생각을 하지 않았겠지. 어디론가 데려가려고 했을 거야. 그런데 레이몽드가 고분고분 따라 주지 않고 반항하니까 사람들에게 들킬 것 같아 죽이게 되었는지도 모르지."

"그렇지만 레이몽드의 시체는 아직 발견되지 않았잖아요?"

"그렇다네. 아직 찾아내지 못했지. 아마도 범인의 발자국이나 핏자국을 더듬어 가노라면 찾을 수 있을 거야."

"그렇다면 범인들은 역시 두목인 뤼팽의 복수를 위해서 레이몽드를 납치하고 죽였다는 결론이 나오는군요."

"그렇지. 그렇게밖에는 달리 생각할 수가 없지 않나? 그 일당들은 레이몽드를 납치해 갈 때, 뤼팽의 시체도 함께 가지고 간 것 같지만 그건 어디까지나 추측일 뿐 확실하지는 않아."

검사는 이렇게 말하고는 무엇을 생각하는지 잠시 말을 끊었다.

"그런데 이상해. 이 사건은 마치 무슨 수수께끼가 아니면 퀴즈 놀이 같단 말이야. 그래서 이상한 기분이 들어. 그러나 이 수수께끼는 반드시 우리 힘으로 풀어야 해. 만약 홈스 씨의 힘을 빌려 풀게 된다면, 그건 정말……."

"검사님, 홈스 씨는 언제 옵니까?"

"이번 수요일. 사정에 따라서 하루 앞당겨 화요일에 올지도 모르지."

이지돌은 눈을 감고 무엇인가 계산하는 듯하더니 이야기하였다.

"오늘이 토요일인데, 저는 내일 저녁까지 학교로 돌아가야 하니까 월요일 아침에 다시 이 곳으로 오겠습니다. 검사님, 월요일에 꼭 오세요. 그 때까지 제가 수수께끼의 실마리를 풀 수 있는 열쇠를 마련해 오겠어요. 그리고 저는 지금부터 따로 조사해 보겠어요."

이렇게 말한 이지돌은 자전거를 타고 어디론가 사라졌다. 이지돌은 잃어버린 명화 넉 점의 행방을 찾아 자전거를 타고 달린 것이었다.

그 날 새벽, 센 강 쪽으로 가는 국도에서 큰 짐을 실은 트럭을 보았다는 증인을 만났다.

"아, 그것은 틀림없이 명화를 실은 트럭일 텐데……."

이지돌은 겨우 부둣가에 도착하였다. 부두의 이곳저곳을 두루 살펴보았으나, 그 날 새벽에는 한 대의 자동차도, 마차도 통과하지 않았다는 것을 알아내었다.

이지돌은 힘없이 여관으로 돌아와서 종업원에게 이것저것 물어보았으나, 그들 역시 그 날 새벽에 짐을 실은 마차나 자동차가 지나가는 것을 보았으나, 강을 건너지는 않은 것 같다고 밝혔다.

이지돌은 르브드 마을에 산다는 마부를 찾아갔다.

"목요일 새벽에 있었던 일을 말씀해 주세요."

"그러지요. 신사 분들이 와서 저편 숲 속에 짐을 실은 자동차가 멈추어 있으니 좀 도와 달라고 했어요. 수레를 가지고 가서 큼직한 짐 네 개를 싣고 짐배가 있는 데까지 날라다 주었어요."

"그 신사라고 하는 사람들은 옛날부터 알고 있었나요?"

"잘 알지는 못했어도, 몇 차례 도와준 적은 있어요."

"몇 번쯤입니까?"

"아, 그러니까 여섯 번쯤 될까요?"

이지돌은 그 말에 귀가 번쩍 뜨였다.

"음, 여섯 차례나……. 그런데 언제부터 도와주기 시작했나요?"

"그 날까지 날마다 도와주었어요. 큼직한 돌덩이 같은 것이라든가,

작고 긴 것, 여러 가지들이 있어요."

"그 신사들은 일을 부탁할 때 어떤 표정을 하던가요?"

"마치 중요한 보물이나 되는 것처럼 조심스럽게 다루었어요."

이지돌은 너무 놀란 나머지 멍청하게 서서 마부를 바라보았다.

"그렇구나! 뤼팽은 명화말고도 무엇인가 또 다른 물건을 훔쳐 갔다. 과연 그것은 무엇일까?"

이지돌은 여관으로 돌아와 이런 일 저런 일을 생각하느라고 한잠도 자지 못하였다.

날이 밝자 이지돌은 다시 마을 사무소로 가서 한 시간쯤 걸려 옛 장부들을 조사하였다.

부셔져 내리는 석상

이지돌은 긴 밤을 뜬눈으로 지새운 뒤, 월요일 아침 일찍 백작의 집으로 달려갔다.

백작의 집에 도착해 보니, 편지가 한 통 배달되어 있었다.

이지돌은 그 편지를 뜯어보며 눈을 크게 떴다.

두 번째 경고한다!

쓸데없는 짓 하지 마라. 참견은 그만 하라! 그렇지 않으면 죽는다.

"흠, 악당들이 점점 발버둥을 치는군!"

이지돌은 편지를 구겨서 쓰레기통에 집어넣었다. 그리고 교회로 가서 열심히 무엇인가를 찾고 있었다. 그 때 검사가 다가왔다.

"오, 이지돌! 약속대로 일찍 왔군. 그래, 이틀 간 뭘 좀 찾아냈나?"

"그럼요, 아주 중요한 것을 발견했습니다."

"오, 그래? 그게 뭔데?"

"미국인 해링턴의 편지에 적힌 것이지요. '그 외의 것도 입수했으면 함께 보내 달라.'는 말의 그것을 알아냈어요. 그것은 넉 점의 명화보다도 더 귀중한 미술품입니다. 그것은 바로 프랑스의 국보이지요."

"뭐라고? 프랑스의 국보라고? 그게 도대체 무어라는 말인가?"

"검사님, 궁금하시죠? 보여드리겠습니다. 이쪽으로 오십시오."

이지돌의 손에는 단단한 지팡이 하나가 들려 있었다. 이지돌은 검사와 함께 교회 앞 돌계단을 오르자, 갑자기 지팡이를 높이 들어 거기에 세워져 있는 석상 하나를 힘껏 내리쳤다.

순간 석상은 '와르르' 소리를 내며 산산조각이 났다.

"이지돌, 이게 무슨 짓이야?"

검사는 눈을 크게 뜨며 꾸짖었다.

그러나 이지돌은 검사의 이야기에는 흥미가 없다는 듯이 다른 석상들을 닥치는 대로 지팡이로 내리쳤다. 석상들은 하나같이 와르르 무너져 내렸다.

그 소리를 듣고 백작이 깜짝 놀라 달려나오며 소리를 크게 질렀다.

"이지돌! 이게 무슨 짓인가? 둘도 없는 소중한 석상들을 부수어 버리다니. 이럴 수가 있나!"

백작은 크게 분노하여 이지돌을 야단쳤다. 이지돌은 백작을 보면서 큰 소리로 말하였다.

"백작님, 잘 보십시오. 여기 있던 석상들은 틀림없이 국보급 귀중품이었지요?"

"암, 물론이지."

"그런데 지금 부숴뜨린 저 석상들은 모두 가짜입니다. 이 석상들은 석고로 만든 것이에요. 모두 속이 비어 있지 않습니까? 범인들이 오래된 대리석 조각처럼 보이게 석상으로 만든 가짜입니다. 진짜와 바꿔치기해 갔어요."

"으음, 그럴 리가!"

백작은 허리를 구부려 부숴진 석상 조각들을 집어서 들여다보았다.

"틀림없는 가짜로군! 이럴 수가……."

"백작님, 겉은 오래된 대리석처럼 보이지만, 속은 텅 빈 석고입니다. 놈들은 며칠 동안에 보기 좋게 진짜와 바꿔치기했습니다. 이것도 루벤스 그림을 바꿔치기한 화가가 1년 전부터 준비해 두었다가 며칠 사이에 해치운 솜씨예요."

이지돌은 검사를 바라보면서 다시 말을 이었다.

"검사님, 어떻습니까? 범인들의 솜씨가! 프랑스가 자랑하는 훌륭한 예술품이 모두 바꿔치기당하고 있다는 느낌이 듭니다. 교회 전체가 송두리째 도둑맞는 것 같아요. 아! 그 괴도 뤼팽은 얼마나 기막힌 천재입니까? 정말 굉장한 녀석이에요."

"이지돌, 자네 흥분하고 있군."

"검사님, 어찌 흥분하지 않을 수 있습니까? 이 얼마나 어처구니없는 일인가요? 국보급의 대미술품을 이런 식으로 모두 바꿔치기해 간다면 이 얼마나 통탄할 일입니까? 얼마나 대담한 도둑들일까요? 몇십억짜리 걸작품들을 이렇게 쥐도 새도 모르게 도난당하다니, 흥분하지 않을 수 없지요. 보통 일이라면 크게 놀라는 정도에서 끝날 일이지요. 그러나 이 일은 놀라운 정도를 넘어서 도둑들의 멋진 아이디어, 주도면밀한 솜씨에 머리가 숙여질 뿐입니다."

"하지만 그 못된 위대한 천재도 결국 죽고 말았지. 아마 살아 있다면 파리의 노트르담까지 훔칠지 모르겠는걸."

"그가 과연 죽었을까요? 괴도 뤼팽은 틀림없이 레이몽드가 쏜 총에 맞아 쓰러졌다가 다시 일어났어요. 그리고 이 땅 속으로 숨어 들어가 어디론가 감쪽같이 사라져 버렸어요. 어쨌든 그가 숨어 있던 곳을 찾아내야 합니다. 그가 어떤 방법으로 지하실에 숨어들었는지 조사해야 합니다."

"아니, 지하실이라고? 내가 이 곳에 산 지 20년이 넘었는데, 이 곳에 지하실은 없네!"

백작이 흥분하여 이야기하자, 검사도 한마디 하였다.

"나도 부하를 시켜 샅샅이 조사해 보았는데, 그런 숨을 만한 곳은 없었다고 하는데……."

"아닙니다. 틀림없이 지하실이 있어요. 저는 시청에 가서 이 집 설계도를 조사해 보았어요. 그 곳에는 200년 전부터의 기록이 남아 있어요. 옛날 이 교회 밑에 지하실이 있었다고 분명히 기록되어 있는 것을 확인했어요. 뤼팽도 그 설계도를 보고, 이 집의 구조를 구석구석 다 안 뒤에 일을 착수한 거고요. 그래서 거의 완벽하게 일을 해치운 것입니다."

"아니, 그렇다면 정말 뜻밖이로군! 그러면 어디 내려가 보세!"

검사는 이렇게 말하였다.

이지돌과 백작, 검사, 이렇게 세 사람은 교회 안으로 들어가 지하실로 통하는 길목을 찾아보기로 하였다.

지하실의 시체

백작은 하인을 불러 교회 문을 열도록 하였다. 큰문이 열리자 이지돌과 백작, 검사는 교회 안으로 들어갔다. 텅 비어 있는 교회 안에는 썰렁

한 공기가 무섭게 감돌고 있는 것 같았다.

바로 이 넓고 썰렁한 교회 안에 어딘가 지하실로 통하는 비밀 통로가 있고, 그 지하실에 괴도 뤼팽이 죽어 있을 것이라고 생각하니 검사도, 백작도 모두 심장이 멈추고 말 것 같은 기분이었다.

간이 크다는 말을 듣고 있는 이지돌도 얼굴빛이 파랗게 질려 공포에 떨고 있는 것 같았다.

정면 쪽을 바라보던 이지돌이 말하였다.

"검사님, 수상한 곳은 바로 여기입니다."

이지돌이 가리키는 곳은 바로 교회 설교대 앞이었다. 그러자 검사가 하인에게 말하였다.

"이곳을 곡괭이로 내리쳐라!"

하인이 그 곳을 힘껏 내리치는 순간, 마룻바닥에 구멍이 뻥 뚫리며 설교대 앞이 지하실 통로로 변하는 것이었다. 회중전등으로 뚫어진 구멍 안을 살펴본 이지돌이 말하였다.

"밑으로 내려가는 계단이 3,4미터 정도 있습니다. 계단 입구는 이보다 좀더 앞쪽에 있는 것 같아요."

하인에게 사다리를 가져오게 하여 구멍 안에 세우고 검사가 먼저 내려갔다. 그리고 백작, 이지돌이 순서대로 내려갔다.

"음, 속이 뒤집힐 것 같은 고약한 냄새가 나는군."

이지돌은 지하실에 가득 차 있는 이상한 냄새를 맡으면서 얼굴을 찌푸렸다.

세 사람은 모두 속이 메스꺼웠으나 누구 한 사람도 그렇다는 이야기를 하지 않고 지하실을 살펴보았다.

"이지돌, 저쪽에 무엇인가 있는 것 같아. 불빛을 그 쪽으로……."

검사가 외쳤다. 불빛을 비춰 보니 보기조차 겁나는 시체가 있었다. 큰

돌에 짓눌린 반벌거숭이 사내의 시체였다.

검사와 백작은 뒷걸음질치며 몸을 떨었고, 이지돌도 뒤로 한 걸음 물러서며 주춤하였다.

그러나 곧 정신을 가다듬고 시체 가까이로 가 보았더니, 시체는 이미 썩어서 옷도 너덜너덜해져 있고, 얼굴은 큰 돌에 짓눌려 눈과 코, 입 등을 분간할 수 없을 만큼 엉망으로 뭉개져 있었다.

더 이상 시체를 볼 수가 없어서 백작이 먼저 사다리로 올라오고, 이지돌도 따라 올라왔다.

그러나 검사는 계속 남아 시체를 조사하고 있었다.

"시체는 뤼팽의 것이 확실하다. 그의 옷에는 그의 가명 약자인 E. V. 가 새겨져 있었다."

그러나 이지돌은 검사의 이야기에 어딘가 미심쩍은 데가 있다는 표정으로 다른 생각을 하고 있었다.

"자, 나갑시다!"

검사가 앞섰다.

세 사람은 본관으로 되돌아왔다.

하인이 두 통의 편지를 보여주었다. 하나는 홈스가 보낸 편지이고, 다른 하나는 디에프 시 수사 본부에서 온 것이었다.

검사는 홈스의 편지를 먼저 뜯었다. 내일 도착하겠다는 간단한 내용이었다.

검사는 또 다른 편지를 보았다. 순간 쓴웃음을 지었다.

"갈수록 재미있게 되어 가는군. 가니말 형사가 다시 온다. 서운한 일이지만 홈스 탐정이나 가니말 형사가 와도 더 이상 할 일이 없는데! 이지돌, 디에프 시 수사본부로부터 보고가 있었는데, 오늘 아침에 젊은 여자의 시체가 떠올랐다고 하네."

"예? 젊은 여자의 시체라고요?"

이지돌은 놀라면서 정색을 하고 다시 물었다.

"그렇다네. 온몸이 상처투성이인 시체인데, 오른쪽 팔에 값비싸 보이는 금팔찌를 끼었다고 하네."

"아, 그 여자는 레이몽드입니다."

백작은 비명에 가까운 소리를 질렀다.

"역시 뤼팽의 부하는 레이몽드를 죽여서 바다에 내던졌군요. 처음, 우리가 생각했던 것 그대로입니다. 이지돌, 안 그런가?"

검사가 이지돌에게 말하였다.

"그렇군요, 검사님. 우리가 생각했던 그대로입니다. 그러나 저는 자꾸 이상한 생각이 들어요."

"어떤?"

"검사님도 언젠가는 아시게 될 것입니다만, 그 때까지 좀 쉬세요. 저는 잠깐 다녀올 데가 있어요. 4시부터 5시 사이에는 꼭 돌아오겠어요."

이지돌은 이렇게 말하고는 자전거를 타고 어디론지 가 버렸다.

이지돌은 곧바로 디에프 시에 있는 신문사로 달려가서 최근 2주일 동안의 신문을 보여 달라고 하였다.

이지돌은 2주일 동안의 신문들을 하나하나 살펴보았다. 그리고 신문사로부터 10킬로미터쯤 떨어진 어촌으로 달려갔다.

마을에 도착하자마자 이장, 교회의 신부, 파출소 순경들을 잇따라 만나 궁금한 것들을 물어보았다.

교회의 종이 어느덧 3시를 알리고 있었다.

"아! 이제 백작의 집으로 돌아갈 시간이 되었구나."

이지돌은 이렇게 생각하면서 어촌에서 발길을 돌렸다. 그는 즐겁게

콧노래를 흥얼거리면서 자전거의 페달을 힘차게 밟았다.

"오늘 알아본 결과는 예상했던 대로이다. 틀림없어, 내 생각이……."

이지돌은 또 한 번 승리를 거두었다고 생각하면서 힘차게 달렸다.

드디어 앙브르메지 마을이 보이기 시작하였다. 이지돌은 여기서부터 백작의 집을 향하여 전속력으로 달리기 시작하였다. 길 양쪽에 늘어서 있는 가로수들이 뒤로 미끄러지듯이 밀려났다.

이지돌은 신나게 달리다가,

"앗!"

하고 소리지르며 급히 브레이크를 잡았다. 그러나 전속력으로 달리던 내리막길이라 브레이크가 쉽게 말을 듣지 않았다.

길을 가로질러 매어놓은 밧줄에 걸려 이지돌은 자전거와 함께 나동그 라지고 말았다. 이지돌의 몸은 공중으로 붕 떠올랐다가 3미터쯤 밖으로 내던져지듯 떨어졌다.

한동안 멍하니 있다가 정신을 차린 이지돌은 온몸이 쑤시고 이마와 팔, 다리 등에 멍이 든 것을 알았다. 간신히 일어나는데 밧줄에 종이 쪽 지가 매달려 있는 것이 보였다.

"웬 쪽지일까? 또 당했군!"

이지돌은 쓴웃음을 지으며 종이 쪽지를 펼쳤다.

세 번째 경고!

세 번째 경고한다!

이것이 마지막 경고이다!

이것을 무시하면 그냥 두지 않겠다.

'세 번째 마지막 경고라고? 조금 위험해지겠는데. 조심해야겠다.'

이지돌은 이렇게 생각하며 주위를 살폈다. 오른쪽에는 숲이 우거져 있고 왼쪽은 벌판이었다.

밧줄을 쳐 놓은 범인은 숲 속 어딘가에 숨어서 그가 보기 좋게 나가 떨어지는 것을 지켜보았는지 모른다는 생각이 들었다. 이지돌은 밧줄을 걷어 챙긴 뒤, 다시 백작의 집으로 향하였다.

'하여튼 조심해야겠다!'

백작의 집으로 돌아온 이지돌을 본 검사는 눈을 크게 뜨며 물었다.

"이지돌! 무슨 일이 있었나? 상처투성이군."

"큰일은 아닌데, 보기 좋게 당했습니다. 이 밧줄에 걸려 넘어졌어요."

"자세히 설명해 보게, 어서!"

검사는 재촉하듯 말하였다.

"백작의 집이 보이는 내리막길에서 전속력으로 달리다가 가로질러 놓은 이 밧줄에 걸려 넘어지는 바람에 그만⋯⋯."

"정말 고약한 일이군! 밧줄로 길을 가로막아 놓다니⋯⋯."

"그런데 검사님, 참 이상합니다. 이 밧줄은 20분 전까지만 해도 정원에 걸려 있었다고 하인이 그러더군요. 누군가가 우리의 행동을 하나하나 지켜보고, 이야기를 엿듣고 있는 것이 분명합니다."

"설마, 그럴 리가?"

"이렇게 제가 당하지 않았습니까? 범인들의 일당이 분명 백작 집 안에 있는 것이 분명합니다. 그래서 지금까지의 우리들 작전과 비밀이 모두 새어나간 것입니다. 검사님! 지난번 암호에 관해서는 누구에게 말씀하시지 않으셨겠지요?"

"응, 별로 대수롭지 않은 것 같아서 무시했는데⋯⋯."

"그런데 그것이 매우 중요한 것 같아요. 그것은 틀림없이 비밀 암호문입니다. 그것만 풀 수 있다면……."

그러다가 이지돌은 검사 가까이로 고개를 돌리면서 소곤거렸다.

"밖에서 누가 엿듣고 있어요, 검사님."

그러고는 날쌔게 창가로 가서 밖을 내다보았다. 그러나 발자국 소리만 들릴 뿐 사람은 보이지 않았다.

"검사님, 보세요. 화단이 저렇게 엉망으로 짓밟혔어요. 누군가가 엿듣다가 눈치를 채고 저렇게 도망친 거예요."

밖을 내다본 검사가 말하였다.

"틀림없군! 자네의 추측이 맞았어."

"그렇습니다. 우리는 예상했던 대로 놈들에게 감시를 받고 있어요. 그러나 그들도 매우 초조해하고 있는 것이 분명합니다. 저에게 세 차례나 경고 쪽지를 보낸 것이라든지, 밧줄을 매어 놓아 골탕먹인 것을 보면 그 속셈이 뻔합니다."

이지돌은 검사와 함께 자리에 앉아서 암호 쪽지를 펴 놓고 다시 이야기를 하였다.

"검사님, 잘 보세요. 넷째 줄만 빼고는 모두 숫자와 점으로 되어 있습니다. 이것은 틀림없이 알파벳의 모음 'a·e·i·o·u'를 나타낸 것 같아요. 숫자를 모음으로 바꾸어 보면 암호문은 이렇게 된 거예요.

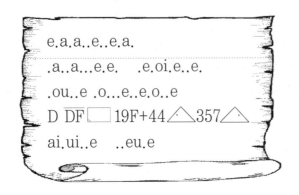

숫자가 알파벳의 모음을 나타낸 것이라면 점들은 자음을 나타낸 것이에요. 그래서 먼저 둘째 줄부터 풀어 보았어요. 둘째 줄은 둘로 나누어져 있는데, 이것을 두 단어라고 생각하고, 뒷부분에 모음이 들어 있는 단어를 붙여 사전에서 하나하나 찾아봤어요. 그 결과 demoiselles (드모아젤)이라는 단어가 발견되었는데, 이것은 '아가씨들'이라는 말입니다."

"아가씨들이라면 레이몽드와 쉬잔을 가리키는 걸까?"

"그렇습니다. 그 밖에 또 다섯째 줄도 둘로 나누어져 있는데 앞부분을 모아 풀어보니까 aigui가 되고, 점 둘, 즉 자음 두 개와 e를 합치니까 aiguille(에귀유; 바늘)이라는 단어가 돼요. 다섯째 줄의 뒷부분은 모음이 셋, 자음이 셋으로 되어 있어요. 여기에 해당하는 단어를 사전에서 찾아보니까 네 개가 있었어요. 그 중에서 가장 적당한 것은 creuse(크뢰즈), 즉 '속이 빈'이에요."

"속이 빈 바늘이라? 퍽 재미있는 수수께끼가 되는데……."

검사는 이지돌의 분석력에 감탄을 하면서 말하였다.

"그렇습니다. 말장난 같은 수수께끼 퀴즈 놀이를 통해 무엇인가 엉뚱한 일을 펼치고 있는 겁니다. 이번 사건의 실마리는 이 두 글자 속에 숨어 있는 것 같아요. 그리고 또 한 가지 이상한 것이 있어요. 비밀 암호 쪽지인 이 종이입니다. 양가죽처럼 두꺼운데, 이런 종이를 지금은 만드는 곳이 없어요. 그리고 옛날에 쓰던 밀랍을 사용했어요. 그러니까 매우 중요한 비밀을 감춘……."

이 때 이지돌이 갑자기 입을 다물었다.

서기인 브레드가 문을 열고 얼굴을 내밀었기 때문이었다.

"검사님, 검찰 총장님이 밖에서 기다리고 계십니다."

"검찰 총장님이 오셨다고?"

검사는 브레드의 말을 듣고 밖으로 나가려고 일어섰다.

"어디 계시지?"

"예, 자동차 안에 계십니다."

"그래?"

검사가 이상하다는 표정으로 창문을 열고 밖으로 나갔다. 검사의 발소리가 멀어지자, 브레드는 재빨리 방문을 자물쇠로 잠가 버렸다.

"아니, 무슨 짓이야? 문을 잠그다니……."

이지돌이 놀라서 큰 소리로 말하였다.

"이렇게 하는 것이 말하기가 쉽지!"

브레드가 평소와는 다른 목소리로 말하였다.

"그렇구나, 네 놈이 바로 뤼팽과 한패였구나! 바로 검사의 서기인 네가 그러다니……."

"음, 좋아! 검사가 속은 걸 알고 되돌아오기 전에 일을 끝내자. 검사가 다시 오려면 4분이 걸린다. 나는 창문을 뛰어넘어 대기시켜 놓은 오토바이를 타기까지 1분이면 되니까. 자, 그 종이를 내려놓아라!"

"종이라고? 검사가 가지고 있는데……."

"거짓말 마! 내가 들어올 때, 네가 당황하며 지갑 속에 넣는 것을 보았다. 자, 빨리 내놔! 그리고 쓸데없이 우리 일에 참견하지 마! 학생이 공부나 할 것이지, 그렇지 않고 앞으로도 계속 이렇게 설치면 목숨이 날아갈 줄 알아!"

이지돌은 머뭇거리며 브레드의 표정을 살폈다.

"야, 시간 없어. 어서 그 비밀 암호 쪽지를 내놓거라!"

브레드는 이지돌의 목에 권총을 들이대며 위협을 하였다.

브레드는 권총을 겨눈 채 한 발 가까이 다가섰다. 차가운 웃음에 매서운 눈초리를 하고 있었다.

"시간이 없다, 빨리 내놓아!"

이지돌은 브레드가 권총의 방아쇠에 손가락을 걸고 있는 것을 보면서 말하였다.

"정말 쏠 테냐? 그러면 너의 목숨도 끝일 텐데……."

"군소리 하지 말고 내놓아!"

이지돌은 하는 수 없이 지갑을 브레드에게 주었다.

"너는 역시 머리가 빠르게 도는 놈이구나!"

브레드는 지갑을 받아 호주머니 속에 넣고 권총을 집어넣으며 뒷걸음으로 창가로 갔다.

그 때 복도에서 발자국 소리가 들려오기 시작하였다.

"벌써 오는군! 그럼, 안녕!"

브레드는 말을 하면서 지갑을 다시 확인하였다.

"야, 이 놈아! 빈 지갑이잖아. 비밀 암호 쪽지가 없단 말이야!"

"뭐라고? 네가 받아 넣었잖아."

이지돌은 이렇게 말하면서 브레드에게 달려들었다. 브레드는 이지돌에게 왼쪽 턱을 강하게 한 대 얻어맞자, 권총을 꺼내 두 발을 쏘았다. 그러나 맞지는 않았다.

두 사람은 뒤엉켜 방바닥에 뒹굴면서 격렬하게 싸우기 시작하였다.

"문 열어!"

밖에서는 문이 부서질 만큼 문을 요란하게 두들기고 있었다.

이지돌은 힘이 센 브레드에게 짓눌려 목이 졸리고 있었다. 브레드는 단도를 꺼내어 이지돌을 향해 힘껏 내리꽂았다.

이지돌은 왼쪽 어깨가 떨어져 나가는 듯이 아팠다. 순간, 브레드는 이지돌의 호주머니에서 비밀 암호 쪽지를 꺼낸 뒤, 창문을 뛰어넘어 도망쳤다.

그러나 이지돌의 눈에는 도망치는 브레드의 모습이 희미하게 보일 뿐이었다.

그러고는 아무것도 알 수가 없었다.

뤼팽과 이지돌의 만남

다행히 이지돌은 목숨을 건졌다.

다음 날 아침, 신문에는 백작 집에서 일어난 사건으로 시끌벅적하였다. 이 사건은 너무나 끔찍하여서 모두가 깜짝 놀랐다.

신문에는 이런 내용의 기사가 실려 있었다.

첫째는, 교회의 석상들이 모두 가짜와 바꿔치기되어 있었다는 것, 뤼팽과 레이몽드의 시체가 발견되었다는 것, 더구나 검사의 서기 브레드가 범인들과 한패였다는 것, 소년 명탐정 이지돌이 중상을 당했다는 것이었다.

둘째는, 명형사 가니말이 행방불명이라는 것, 대낮에 런던 한가운데서 명탐정 홈스까지 괴한에게 납치를 당했다는 것이었다.

"그렇다면 괴도 뤼팽 일당이 대승리를 거둔 것이 아닌가?"

검사는 길게 한숨을 쉬었다.

이제 겨우 열일곱 살밖에 안 된 고등학생 이지돌의 천재적인 추리와 용기 덕분에 일망타진할 수 있는 기회를 얻었는데, 믿었던 서기 브레드에게 이지돌이 중상을 당하였으니, 마지막 순간에 일은 다시 복잡해지고 말았다.

뤼팽이 가장 두려워하던 강적 명형사 가니말과 명탐정 홈스가 죽었는지 살았는지도 알 수 없었고, 소년 명탐정 이지돌도 큰 상처를 입고 말았으니 앞일이 난감해진 것이다.

사정이 이처럼 엉망으로 된 지도 벌써 6주일이 지났다.

병원에 입원하여 치료를 받은 이지돌은 많은 사람들의 격려와 백작의 딸 쉬잔의 정성 어린 간호 덕분에 상처가 아물어 드디어 퇴원을 하게 되었다.

이지돌이 병원에 입원해 있는 동안 백작 집의 사건은 일단 마무리된 것으로 알려졌다.

뤼팽의 시체가 교회 지하실에서 발견되었고, 중상자의 수술을 위하여 끌려갔던 드러틀 박사가 친한 친구를 통하여 치료를 해 준 곳이 호텔이 아니고 어느 지하실이라고 밝혔기 때문이다.

거기에 뤼팽의 시체에 이어 뤼팽에게 총을 쏜 레이몽드의 시체까지 발견되었기 때문에 이 사건은 일단 끝난 것처럼 보였다.

그러나 가니말 형사의 행방불명, 홈스 탐정의 납치 사건 등은 아직 수수께끼로 남아 있었다.

그런 열쇠는 바로 이지돌에게 중상을 입히고 비밀 암호 쪽지를 빼앗아 달아난 서기 브레드가 쥐고 있었다.

경찰이 백작 집의 사건을 서둘러 마무리하려는 표정이 신문에 보도되자, 수많은 사람들이 강력하게 항의하고 나섰다.

"아니다! 수수께끼는 아직 하나도 풀리지 않았다. 천재 소년 이지돌만이 그 진상을 풀어 줄 수 있다. 그가 빨리 퇴원해서 활동을 할 때까지 사건을 종결지으면 안 된다!"

이런 시민들의 뜨거운 여론 속에 드디어 이지돌에게 용기의 날이 다가왔다. 퇴원한 이지돌에게 파리의 큰 신문인 《그랑 주르날》의 기자가 인터뷰를 요청하였다.

"그래요! 2,3일 안으로 생각을 정리하여 백작 집의 괴이한 사건에 대해 그 동안 알아본 것들을 밝히겠어요."

이지돌과 《그랑 주르날》 신문과의 인터뷰 예정이 알려지자 프랑스 파리가 또다시 술렁거렸다.

이것은 대단한 특종일 것이 뻔하였기 때문이다. 모든 사람들이 하나같이 궁금하게 여기고 있으며, 지금까지 어느 하나 시원하게 풀린 것이 없기 때문이었다.

그렇게 인터뷰 날을 하루 앞두고 이지돌에게 한 통의 속달 편지가 날아들었다.

이지돌 군!

내일 진상을 발표한다고 하는데, 그 전에 아무도 모르게 자네와 단둘이서 만나고 싶네.

만약 응하지 않는다면,

자네 아버지의 목숨은 위험할 것이네.

이지돌, 잘 생각하길 바라네.

아르센 뤼팽

"훙, 드디어 뤼팽이 나타나겠군!"

이지돌은 싱긋 웃었다. 그러나 이지돌의 머릿속에는 또 다른 생각이 떠올랐다.

"그렇다면, 뤼팽은 결국 살아 있다는 것인가? 백작 집의 지하실 시체는 뤼팽이 아니고 누구란 말인가?"

이지돌은 곰곰이 생각해 보았다. 지하실의 시체는 뤼팽이 아닐 것이라고 생각하고 있었던 것이다.

"만나 보자. 뤼팽을……."

만날 날짜와 장소는 편지에 적혀 있었다. 드디어 약속 날짜가 되었다.

7월 14일 밤, 이지돌은 서둘러 자동차를 타고 약속된 장소로 나갔다. 뤼팽은 먼저 도착해 있었다.

이지돌은 뤼팽을 보는 순간 가슴이 뛰었다. 말로만 듣던 뤼팽을 생전처음 보는 것이기 때문이었다.

뤼팽은 키가 크고 단정한 차림의 예의바른 신사로 보였다.

뤼팽은 큰 손을 내밀면서 정중하게 악수를 청하였다. 그 순간 이지돌은 뤼팽에 대한 의문으로 잠시 머뭇거렸다.

'과연 이 사람이 전세계를 공포 속으로 몰아넣고 있는 괴도 뤼팽이란 말인가? 그걸 믿어도 괜찮은가?'

그러자 뤼팽은 웃으면서 이야기를 하였다.

"이지돌, 잘 왔네. 만나서 반갑군."

"뤼팽, 나는 오고 싶어서 온 것이 아닙니다. 오지 않으면 아버지의 목숨이 위험할 것이기에 이렇게 왔습니다."

"그래, 자네가 효자라는 것을 알고 그렇게 했지. 과연 효자로군. 그런데 한 가지 자네에게 사과할 일이 있네. 브레드가 자네에게 난폭한 짓을 했더군. 정말 미안하네."

"정말 너무했습니다. 뤼팽답지 않은 방법을 쓰다니……."

"그래, 나는 어떤 경우에라도 사람을 죽이는 짓은 절대 하지 않는데, 그 놈은 새로 들어온 녀석이라 아직 내 뜻을 모르고 또 훈련도 덜 된 탓에 그런 실수를 했네. 그 뒤 내가 엄하게 벌을 주었지."

그 때 현관의 벨이 울렸다.

뤼팽은 현관으로 가서 한 통의 편지를 들고 와서 그것을 읽었다. 그의 목소리는 조금 전의 부드럽던 신사의 목소리가 아니라, 무서운 괴도의 본성을 드러내는 듯한 소름끼치는 목소리였다.

"자! 이제부터 우리 두 사람의 승부를 내자. 우리는 서로가 적이었으니까. 어쩔 도리가 없다. 이제 대결하지 않으면 안 된다. 누가 이기든 담판을 내자. 그리고 이기는 사람이 승리자가 되는 것이다."

"뤼팽! 당신은 나를 협박하려고 이렇게 불러냈습니까? 신사답지 못하군요."

"협박이 아니야. 나는 자네를 두려운 상대로 생각하고 있어. 과거 10년 동안 나는 자네처럼 두려운 상대를 만난 적이 없어. 가니말 형사나 홈스 탐정도 자네에 비하면 아무것도 아니지. 그러나 자네는 나를 궁지에 몰아넣고 꼼짝도 못하게 하고 있어. 나는 이미 자네에게 진 거야. 바로 자네 때문에 나의 계획은 산산조각이 났어! 그래서 자네와 단둘이서 담판을 짓자고 하는 거야. 자네가 이 사건에 손을 대지 못하게 하기 위해서지."

"그럼, 나에게 이 사건에서 손을 떼라는 협박이군요."

"그렇지! 서로를 방해하지 않는다는 약속을 분명히 하자는 것일세!"

"내가 그렇게도 방해가 됩니까?"

"자네는 괴사건의 진상을 낱낱이 알아냈어. 그것을 이제 발표하려는 것이지? 그래서 그 발표를 하지 말라는 것이야."

"나는 항상 정의를 위해서라면 어떤 위험도 무릅쓰고 해 왔어요. 진상을 밝혀서 모든 사람들의 궁금증을 풀어 줄 것입니다."

"발표해서는 안 돼!"

"그건 내가 알아서 할 일입니다. 발표는 하겠습니다."

뤼팽과 이지돌은 서로 노려보며 불 같은 눈길을 보냈다. 이지돌의 눈에는 정의와 용기가 넘쳐 흐르고 있었고, 뤼팽의 눈에는 섬뜩한 빛이 불타오르고 있었다.

한참 동안 그런 숨막히는 순간이 계속되었다.

"이지돌, 괴사건의 진상에 대해서 쓴 글은 어디에 두었나?"

"신문사 기자에게 이미 전달했습니다. 중요한 일이라, 두 겹으로 싸서 신문사에서 잘 보관하고 있습니다. 오늘 밤 안으로 판을 짜기로 되어 있습니다."

"또 내가 당했군."

뤼팽은 분통이 터지는 목소리로 내뱉었다. 이지돌은 빙그레 웃으면서 뤼팽을 쏘아보았다.

"나를 조롱하는군! 지금 곧 신문사로 가서 원고가 잘못되었다고 하고 되찾아서 찢어 버려!"

"그럴 수는 없어요."

"뤼팽은 이미 죽었다고 다시 쓰도록 하거라!"

"이렇게 살아 있는 사람을 어떻게 죽었다고 거짓 원고를 씁니까?"

"못하겠다고? 으음!"

뤼팽은 긴 한숨을 쉬며 책상 위에 놓여 있는 쇠자를 들더니 엿가락처럼 구부렸다.

아무리 대단한 괴도 뤼팽이지만 단호하게 거절하는 소년 이지돌의 용기와 의지에는 어쩔 도리가 없었다. 뤼팽은 위협을 해 봐야 소용이 없다는 것을 깨닫고는 목소리를 다시 부드럽게 하여 달래듯 이야기를 하였다.

"이봐, 이지돌! 고집 그만 버리고 내 말대로 하게. 제발 부탁하네. 뤼팽은 죽은 것이 틀림없는 사실이라고 고쳐 써 주게."

"그럴 수는 없어요. 산 사람을 어떻게 죽었다고 할 수 있어요?"

"음, 그렇게 고집을 부린다면 할 수 없지. 그럼, 잘 듣거라. 자네의 아버지는 오늘 밤, 가니말 형사와 홈스 탐정처럼 사라져 버릴 거야!"

뤼팽의 눈에는 살기가 등등하였다. 정말 끔찍한 협박이었다. 그러나 이지돌은 흔들리지 않았다. 이지돌은 그렇게 마음 약하거나 만만한 소년이 아니었다.

이지돌은 만일에 대비하여 아버지를 안전한 곳으로 피신시켜 놓았던 것이다. 이지돌은 빙긋이 웃으면서 뤼팽에게 말하였다.

"뤼팽! 세상 일이 꼭 당신 마음대로 되는 것만은 아닙니다. 나는 뤼팽이 엄연히 살아 있다는 사실을 세상에 알릴 겁니다. 그리고 나의 아버지는 결코 납치당하지 않을 겁니다."

"오늘 밤, 내가 중지 명령을 내리지 않는 한 자네의 아버지는 내 부하에게 납치당하게 되어 있다!"

"하하하, 존경하는 뤼팽 씨! 당신은 언제나 자기 계획이 완벽하다고 생각하는가 봅니다. 하지만 당신의 큰 결점은 바로 거기에 있습니다. 당신은 언제나 성공했다, 틀림없이 성공했다고 생각합니다. 그러나 상대도 당신의 생각을 뒤집게 하고 차단하는 배수진을 치고 있다는 것을 알아야 합니다. 아버지는 이미 셰르부르 군항 병기 제조소의 관사에 피신해 있어요. 병기 제조소는 해만 지면 그 누구도 출입할 수 없는 곳이고, 낮에도 당국의 허락을 받아야만 들어갈 수 있는 곳이죠."

이지돌은 이렇게 말하면서 장난꾸러기처럼 얼굴을 찡그리며 뤼팽을 쏘아보았다.

그러자 뤼팽은 책상 위에 올려놓은 전보를 이지돌에게 내밀었다.

"야, 이 철부지 젖비린내 나는 녀석아! 이걸 읽어 봐."

이지돌은 전보를 들어 보았다.

"이 전보가 어찌 되었다는 겁니까?"

"아직도 몰라? 바로 자네의 아버지가 있는 곳, 숨어 있는 장소지……."

"그렇군요, 셰르부르 군항. 그런데 무슨 상관이죠?"

"그 다음을 똑똑히 보란 말이야!"

전보에는 이렇게 씌어 있었다.

'짐 날랐다. 패거리도 함께 간다. 아침 8시까지 명령을 기다린다. 모두 무사하다.'

"아직도 모르겠느냐? 짐은 바로 너의 아버지야!"

"그럴 리가, 20명이나 지키고 있다는데……."

"20명이든, 병기 제조소든, 어쨌든 옮겨 놓았다. 어떠냐, 이 녀석아!"

순간 이지돌은 온몸에 힘이 쏙 빠지는 것 같았다. 아무리 태연한 척하려 해도 몸이 흔들리고 입술이 파르르 떨렸다.

이지돌은 이를 악물었다. 그러나 턱은 덜덜 떨리고 눈에서는 눈물이 흘러내렸다.

이지돌은 드디어 두 손으로 얼굴을 감싸며 울음을 터뜨렸다.

"아버지, 아버지……."

이지돌의 손가락 사이로 눈물이 흘러내렸다.

납치당한 이지돌의 아버지

뤼팽은 이지돌의 아버지를 셰르부르 군항 병기 제조소 관사로부터 납치하는 데 성공하였다.

아버지를 안전한 곳에 피신시켜 놓아 마음을 놓았던 소년 탐정 이지돌은, 아버지를 납치해 명령을 기다린다는 전보를 본 뒤, 마음이 흐트러졌다.

이제 잘못하다가는 아버지를 두 번 다시 볼 수 없을지도 모른다는 생각이 들자 이지돌은 더욱 큰 소리로 슬프게 울었다. 뤼팽은 이지돌의 당황하는 표정을 보면서 크게 놀랐다.

"역시 어린 소년이구나."

뤼팽은 가슴이 저릿해 오는 것 같았다. 마음이 약해진 뤼팽은 이지돌을 그대로 둔 채 밖으로 나가려다가 문께서 다시 발길을 돌려 이지돌에게 다가섰다.

아무리 무서운 괴도 뤼팽이지만 그래도 세상 사람들로부터는 '신사 괴도'라고 불릴 만큼 마음속은 따뜻한 사람이었다. 그렇기 때문에 그는 결코 살인은 하지 않았다. 가난한 자를 돕고 불행한 이웃을 몹시 동정하고 있는 뤼팽이었다.

약한 자와 여자들에게는 대단히 친절하였고, 프랑스를 사랑하고 프랑스 사람이라는 것을 매우 큰 자랑으로 여기고 있었다. 그래서 뤼팽은 정말 불가사의한 사람으로 꼽혔다. 그런 그가 담판을 지으려던 소년 탐정 이지돌과의 맞대결에서, 이지돌이 아버지의 납치를 확인한 뒤 우는 모습을 보고 가슴이 아픈 것은 당연한 일이었다.

"이지돌, 울음을 그쳐. 자네와 내가 이렇게 맞서야 할 이유를 모르겠구나. 너처럼 대담하게 싸우는 사람이라면 이 정도의 아픔은 참을 수 있어야지. 그게 싸우는 사람의 운명이라는 거야. 용기를 내서 견뎌내고 이겨야만 하는 것이다."

뤼팽은 계속 정다운 목소리로 말을 이었다.

"자, 이제 눈물을 거두어라. 전에도 이야기했지만, 우리는 서로 미워하지 않아. 그렇지? 나는 자네의 뛰어난 지혜와 용기에 감탄하고 있어. 그렇기 때문에 자네를 이런 사건에 말려들게 하여 위험으로 처넣을 생각은 없다. 자네처럼 마음씨 착하고 훌륭한 소년을 상대로 싸우고 싶지 않거든. 이지돌, 어때? 내게 대드는 것을 그만두지 않겠나? 자네를 깔봐서 그러는 것은 아니야. 겨룰 상대로는 너무 어리다는 것뿐이지. 자네는 내가 어떤 조직에 얼마만한 힘을 가지고 있다는 것을 아직 몰라."

뤼팽은 잠시 가만히 있다가 말을 이었다.

"예를 들어 볼까? 자네가 열심히 풀었던 암호문의 '속이 빈 바늘'이라는 말이 있지. 그 수수께끼의 말이 바로 놀랄 만한 보물이 어디에 있는지 푸는 열쇠지. 그렇지만 그것은 아무도 몰라. 오직 나만이 알고 있을 뿐이야! 나는 이러한 목적을 위해서 일생을 바치고 있는 거야. 자네는 아직 어려. 아무것도 할 수 없어. 나와 싸우겠다는 생각은 터무니없는 짓이야. 그러니 쓸데없는 생각은 버리는 게 현명해!"

뤼팽은 이지돌의 머리를 쓰다듬으며 속삭이듯 되풀이하여 이야기하였다.

"알겠지, 이지돌! 그러니 손을 떼게. 나는 더 이상 자네를 괴롭히고 싶지 않거든. 그렇지 않으면 자네의 아버지에게 본의 아니게 잔혹한 일을 할 수밖에 없을 거야."

이지돌은 아무 말 없이 뤼팽의 긴 이야기를 들었다. 이지돌은 이미 울음을 그쳤다. 그는 자기가 앞으로 해야 할 일을 생각하고 있었다. 그리고 어떤 결심이 선 듯 뤼팽에게 말하였다.

"뤼팽 씨! 내가 원고를 다시 써서 뤼팽이 죽었다고 발표하면 아버지를 풀어 줄 겁니까?"

"물론이지, 꼭 풀어 주지."

"믿어도 됩니까?"

"나는 약속을 꼭 지키는 사람이야. 지금 자네 아버지는 내 부하들에 의해 자동차에 실려 어떤 시골로 가고 있어. 내일 아침 《그랑 주르날》 신문의 기사가 내가 요구한 대로 나오면, 나는 곧 부하에게 전보로 명령을 내려 자네 아버지를 집으로 돌려보내도록 할 거야."

"좋아요, 그럼 그렇게 하겠어요."

이지돌은 이렇게 약속을 하고 힘없이 방에서 나왔다.

"참, 가엾은 일이 되고 말았군!"

뤼팽은 이지돌이 나가는 뒷모습을 보며 혼잣말처럼 중얼거렸다. 집에 돌아온 이지돌은 그날 밤 몇 번이나 원고를 뤼팽이 하라는 대로 고쳐 쓰려 하였으나 도무지 써지지가 않았다.

"뤼팽은 살아 있다. 그는 무엇인가 크나큰 범죄를 계획하고 있다. 그것을 알고 있으면서도 뤼팽이 죽었다고 거짓말을 할 수는 없잖은가? 그것은 뤼팽의 범죄를 돕는 일일 뿐이다. 그런 짓은 할 수 없지! 아버지가 그들에게 납치되었다는 전보는 가짜일지도 모른다."

이지돌은 혼자 이렇게 중얼댔다. 그리고 마음을 다져먹었다.

"어디까지나 뤼팽과 싸운다! 원고를 다시 쓰거나, 취소하는 일은 절대 하지 않겠다!"

이지돌은 펜을 던지고, 창밖을 내다보며 어둠을 향하여 외쳤다.

특 종

다음 날 아침, 세상은 큰 충격 속에 휩싸였다.

프랑스 파리의 최고 신문인 《그랑 주르날》은 〈제브르 백작 집 사건의 비밀〉이라는 큰 제목 아래 이지돌의 원고를 1면 머릿기사로 실었기 때문이다.

그 기사는 너무나 뜻밖이고 놀랄 만한 비밀이었다. 《그랑 주르날》 신문에 실린 기사는 이렇게 펼쳐졌다.

제브르 백작 집 사건의 비밀

나는 앙브르메지 마을 제브르 백작 집에서 일어난 괴기한 사건에 대하여 모든 것을 알 수는 없다.

그러나 나의 추리력으로 이 사건을 풀어 보고자 여러 가지로 조사를 해보았다.

그 과정에서 알게 된 많은 사실들을 바탕으로 하여 나는 이 사건 깊숙이 숨어 있는 수수께끼를 풀려고 한다.

첫 번째 수수께끼. 뤼팽은 살아 있다. 그는 모든 사람들이 알고 있는 것처럼 죽은 것이 아니다. 그렇다면 큰 상처를 입은 그가 어떻게 단 한 번의 의사의 수술과 치료로 약도 음식도 없는 캄캄한 지하실에서 살아남을 수 있었을까?

우선 맨 처음부터 생각해 보자.

4월 16일 목요일 오전 4시. 뤼팽은 엄청난 도둑질을 하다가 레이몽드에게 발견되어 교회로 도망가던 중에 레이몽드가 쏜 총에 맞아 중상을 당하였다.

뤼팽은 미리 보아 둔 교회 안의 비밀 통로를 통하여 죽을 힘을 다하여 기어가고 있었다.

그 때 뒤에서 발자국 소리가 나서 돌아보니 레이몽드가 서 있었다. 여기서 어떤 일이 있었을까?

무슨 일이 있었는지는 알 수 없지만, 레이몽드는 발 앞에 쓰러져 숨이 끊어지기라도 할 듯이 신음하며 괴로워하는 뤼팽을 내려다보면서, '내가 이 사나이를 죽이는구나!' 라고 생각하였을 것이다.

그냥 내버려두면 죽거나 체포될 것이 뻔하였다. 그래서 레이몽드는 뤼팽이 불쌍하고 가엾게 느껴졌다.

여기서 뤼팽은 숨을 몰아쉬며 다발을 죽인 것은 자기가 아니라, 백작이 자기 몸을 지키려다 죽인 것이라고 재빨리 말을 하였다.

레이몽드는 뤼팽의 그 말을 믿었다. 그래서 하인들이 오기 전에 뤼팽의 상처를 손수건으로 싸매고, 뤼팽이 쥐고 있던 열쇠로 교회 자물쇠를 연 뒤 뤼팽을 들여보내고 다시 잠갔다.

그 뒤에 하인 알베르가 달려온 것이다. 만일 이 때 교회 안을 수색하였다면 뤼팽은 아직 일어날 힘도 없고, 지하실 통로가 있는 돌을 들출 힘도 없었으므로 그 자리에서 쉽게 붙잡을 수 있었을 것이다. 그러나 교회 문에 자물쇠가 잠겨 있으므로 뤼팽이 교회 안으로 들어갔을 것이라고는 생각도 하지 못한 것이다.

그 뒤 6시간이 지난 뒤 겨우 교회 문을 열고 들어갔으나 건성으로 훑어보아 지하실 통로를 발견하지 못하였다.

레이몽드는 뤼팽에게 중상을 입히고, 그를 피하도록 도와 주었으므로, 나중에 문제될 것이 걱정되어 처음부터 경찰이나 검사를 속였다. 그래서 범인의 인상부터 다르게 대답한 것이었다. 뤼팽의 부하가 운전사로 가장하고 온 것도 레이몽드는 알고 있었다.

머리가 뛰어나게 좋은 레이몽드는 그 부하에게 뤼팽의 상처가 너무 심하므로 수술할 의사를 데리고 오라고 하였다. 또한 증거물로 보관 중이던 노란 가죽 모자도 똑같은 가짜와 바꿔치기하도록 일러주었다. 이러는 사이에 레이몽드는 자신도 모르게 범인들과 한패가 되고 말았다.

나는 노란 가죽 모자가 바뀌었다는 말을 들었을 때, '참 이상한 일이구나!' 라고 생각하였다.

운전사가 객실로 들어왔다면 누군가에 의하여 들켰을 것이다. 그것은 집 안의 누군가가 한 일임에 틀림이 없다는 생각이 들었다. 그 뒤부터 나는 레이몽드에게 눈길을 돌렸다.

운전사에게 협박장을 쓰게 한 것도 레이몽드이다. 자기가 일당들로부터 표적이 된 것처럼 위장을 한 것이다.

나는 레이몽드가 수상하다고 검사에게 이야기를 하려는 순간, 레이몽드가 전날 오후 내가 쪽문 밖에서 서성거리는 것을 보았다고 검사에게 말을 하여 오히려 내가 의심을 받게 되었다.

그래서 레이몽드는 나의 입을 틀어막고 자신의 위험에서 일단 벗어났다. 그러나 나는 레이몽드가 더욱더 수상하다고 여겨져 그녀를 살펴보았다.

이리하여 뤼팽은 40여 일 동안이나 교회 지하실에 숨어 있으면서, 레이몽드로부터 음식과 약을 계속 받았으며 또한 그녀의 간호도 받았다. 마을의 약국을 조사하였다면 레이몽드가 그 동안 어떤 약을 어느 정도 사 갔는지 알 수 있을 것이다.

나는 이런 것들을 모두 조사하였다.

뤼팽은 레이몽드에 의하여 목숨을 건졌다. 그리고 교회 지하실로부터 탈출하였다. 뤼팽의 생명의 은인은 레이몽드이다. 뤼팽은 살아 있다.

그렇다면, 지하실에서 썩고 있던 시체는 과연 누구의 것인가?

그것은 두말할 것도 없이 가짜 뤼팽이다. 내가 틀림없이 교회 설교대 앞 비밀 계단 입구를 알아내고 파헤칠 것으로 여기고, 파헤칠 때 큰 돌이 시체의 얼굴에 정확히 떨어져 인상을 알아볼 수 없도록 꾸며 놓은 것이다.

게다가 그 시체의 겉옷에 그의 다른 이름인 에린 드 보드레의 머리글자인 E. V.까지 새겨 놓을 만큼 치밀한 수법을 썼다. 그러니 검사는 그를 뤼팽이라고 믿을 수밖에 없었다.

두 번째 수수께끼. 뤼팽은 레이몽드가 자기를 숨겨 주고 간호해 준 데에 대하여 감사하였다. 그 감사의 마음이 사랑으로 변하였다.

그러나 레이몽드는 뤼팽을 별로 좋아하지 않았다. 뤼팽은 레이몽드와 함께 즐거운 생활을 하고 싶었으나, 레이몽드는 그런 뤼팽의 마음을 알아주려고 하지 않았다.

그래서 뤼팽은 레이몽드를 납치해서라도 함께 있고 싶었다. 그래서 6월 6일 부하들을 이끌고 마침내 레이몽드를 납치하였다. 그리고 뤼팽의 부하가 두목을 죽인 레이몽드에게 복수하기 위하여 납치를 하였다고 헛소문을 퍼뜨렸다.

레이몽드가 납치되어 피살된 것처럼 꾸미기 위하여 뤼팽은 부하들을 바닷가에 배치시켜 놓았다가, 마침 여자의 시체가 떠오르자 레이몽드가 끼고 있던 금팔찌를 끼워 레이몽드의 시체로 인정하게 꾸며 놓았다. 그리고 그 여자의 시체 얼굴도 누구인지 모르게 상처를 내 놓았다.

그래서 뤼팽이 죽고, 그 앙갚음으로 레이몽드가 납치되었다는 조작극을 검사나 경찰, 백작이 모두 인정하게 되고 말았다. 모두가 속은 것이다.

그러면 두 개의 가짜 시체는 누구의 것일까?

나는 며칠 전에 바닷가 근처의 호텔에서 자살한 젊은 부부의 시체를 뤼팽 부하가 훔쳐간 사실을 알아내었다. 두 구의 가짜 시체는 바로 이들 부부였다.

이상으로 두 가지 수수께끼는 풀렸다.

그러나 아직까지 풀지 못하고 있는 것은 암호문의 의미이다. 이 암호문이야말로 제일 중요한 비밀을 숨기고 있는 것이다.

뤼팽이 어째서 '속이 빈 바늘'의 비밀 암호 쪽지를 빼냈는가 하는 것이다.

나는 암호 쪽지를 빼앗겼지만, 암호문 자체는 똑똑히 기억하고 있다. 뤼팽은 내가 그 암호문에서 무엇인가 어떤 단서를 찾아낼 것을 두려워한 것일까?

나는 어떻게든 이것을 계속 추적하여 그 비밀을 밝혀 낼 것이다.

이 기사가 《그랑 주르날》 신문에 실려 배포된 뒤, 그 날 석간 신문에는 일제히 이지돌의 아버지가 괴한들에게 납치당하였다는 기사가 실렸다.

뤼팽의 투서

이지돌은 아버지가 납치되었다는 석간 신문 기사를 보면서 부르르 떨었다. 더군다나 셰르부르에서 보낸 전보에서도 아버지가 납치되었다고 되어 있으니, 의심할 여지가 없었다.

"역시 뤼팽은 위협만이 아니라, 행동으로 옮기는구나!"

이지돌은 창백해졌다.

'그토록 삼엄한 경계 속에 피신해 있는 아버지가 어떻게 납치를 당할 수 있단 말인가!'

이지돌은 뤼팽이 생각보다 무서운 적이라는 것을 다시 한 번 느꼈다.

"어쨌든 내가 가서 직접 조사해 보자."

이지돌은 그날 밤 8시, 급행 열차를 타고 셰르부르로 달려갔다. 가는 도중에 역에서 산 신문에는 뤼팽의 편지가 실려 있었다. 이지돌의 발표에 대하여 대담하게 낸 보복의 답장 투서였다.

이지돌의 발표는 거의 틀림이 없다. 그의 뛰어난 추리력에 경의를 표한다.

그는 훌륭한 소년 명탐정이다. 그의 말처럼 뤼팽과 레이몽드는 살아 있다. 그리고 그의 말처럼 나는 레이몽드를 사랑하기 때문에 납치하였다. 나는 레이몽드를 그 누구보다도 사랑하고 있기 때문에 그녀를 행복하게 해 주려고 노력하고 있다. 나는 레이몽드와 행복한 생활을 하기 위하여 얼마 동안 무기를 버리고 싸움을 멈추고 싶다. 나의 이 순수한 마음에 돌을 던지지 말아 다오. 나의 마음을 짓밟는다면 그 때는 매우 무서운 결과를 가져올 것이다. 이것만은 생명을 길고 분명히 밝혀 둔다.

다음은 경찰에 체포된 미국인 해링턴에 대하여 한마디 하겠다. 그는 미국의 큰 부자인 크리 씨의 비서로 유럽 지역에서 유명한 미술품을 사 모으기 위해서 이 곳에 와 있는 사람이다. 그는 정직하고 훌륭한 사람이다. 나는 에린 드 보드레라는 가명으로 이름을 바꾸고 그에게 제브르 백작이 루벤스의 명화 넉 점과 교회의 석상을 팔고 싶어한다고 접근하였다. 그래서 나는 그로부터 막대한 돈을 건네받고 명화와 석상을 보내 주었다. 덕택에 나는 큰돈을 벌었지만, 불쌍한 해링턴은 아무 잘못도 없이 괴도 일당과 공범이라는 의심을 받고 체포되어 있다.

경찰은 하루빨리 그를 풀어 주기 바란다.

해링턴은 이 일에 관하여 아무것도 모른다. 이 사건과 그는 전혀 관계가 없음을 이 자리에서 분명히 밝혀 둔다.

아르센 뤼팽

뤼팽의 투서를 읽고 난 이지돌은 만족하였다.
'내 추리에 착오는 없었구나! 뤼팽의 이번 투서 목적은 무엇일까?'

뤼팽은 가끔 투서를 하였는데, 그 때마다 반드시 어떤 목적이 있었다. 이지돌은 열차 속에서 신문에 실린 뤼팽의 투서를 다시 한 번 곰곰이 생각해 보았다.

'나의 기사에 대해 반박 글로 쓴 것은 분명한데, 해링턴을 끌어들인 것은 무슨 이유에서일까? 나의 생각을 흐려 놓기 위해서일까? 도대체 무슨 속셈인지 모르겠다……'

이지돌은 뤼팽이 이렇게 나오는 것이 도리어 불리하다고 느껴졌다.

다음 날 아침, 급행 열차는 셰르부르 역에 도착하였다. 이지돌은 마음을 굳게 먹고 자신감을 되찾았다.

플랫폼에는 아버지를 경호하고 있던 프로벨이 열두어 살쯤 되어 보이는 딸 샤를로트를 데리고 나와 기다리고 있었다. 이지돌은 경호원을 만나자마자 아버지의 납치 사실부터 물었다.

"아버지가 정말 납치되셨습니까?"

"그래, 행방불명이 되었네."

"언제부터인가요?"

"그걸 정확히 알 수가 없어. 아침 6시쯤 식사하러 내려오시지 않기에 2층으로 올라가 보았더니 안 계셨지. 그 전날 저녁 7시 식사는 잘 하셨는데……."

"그 날 저녁 식사는 식당으로 내려오셔서 하셨나요?"

"아닐세, 샤를로트가 2층 방으로 식사를 가져다 드렸지."

"그렇다면 아버지가 납치된 시간은 저녁 7시부터 다음 날 아침 6시 사이군요?"

"그렇다네. 하지만 이 병기 제조소 안에서는 밤에 밖으로 나갈 수가 없는데……."

"어디로 가셨을까?"

이지돌은 곰곰이 생각하다가 다시 말을 이었다.

"아버지 침대는 어지럽혀져 있었나요?"

"아니, 잘 정돈되어 있었지."

"방 안은 어땠나요?"

"파이프와 담배, 읽으시던 책들도 전과 다름없이 제자리에 있었지. 더구나 읽고 계시던 책갈피에 자네 사진을 꽂아 두고 계셨네."

사진을 들여다보던 이지돌은 눈이 휘둥그레졌다.

이지돌이 백작 집의 정원에 서 있는 사진이었다.

"이런 사진을 찍은 일이 없는데, 어떻게 이것이 아버지의 손에 있었을까?"

정원 잔디밭에서 두 손을 주머니에 넣고 서 있는 스냅 사진이었다.

"이지돌, 자네가 아버지께 보낸 사진이 아닌가?"

"아니에요! 나도 처음 보는 사진입니다."

이지돌은 그 사진을 보면서 아버지의 납치를 상상해 보았다.

"이것은 검사의 서기인 브레드가 찍은 것이 분명하다. 나도 모르게 살짝 찍은 뒤, 아버지에게 보여드렸을 것이다.

'나는 당신 아들의 친구입니다.' 브레드는 이렇게 거짓말을 했을 것이다. 내가 이 근처에 와 있는데, 아버지를 만나고 싶어한다고 속이고 누군가를 시켜서 아버지를 유인한 뒤 밖으로 나오신 아버지를 납치해 간 것이 분명해."

이지돌은 그렇게 생각하면서 혼잣말처럼 중얼거렸다.

"누가 아버지를 밖으로 불러냈을까요?"

"그게 이상해. 이 관사에는 아무나 들어올 수가 없거든. 더구나 아버지는 그 날 온종일 밖에는 나가시지도 않았으니까."

"그래요?"

이지돌은 가볍게 대답하면서 경호원의 딸이 누군가의 부탁을 받고 그랬는지도 모른다는 생각이 들었다. 이지돌의 시선은 경호원의 딸 샤를로트에게 멈추었다.

"샤를로트야, 너는 참 예쁘구나!"

이지돌이 이렇게 말하는 순간, 경호원이 펄쩍 뛰며 빠르게 말하였다.

"이 아이는 아무것도 모르네!"

"괜찮아요. 제가 몇 마디만 물어보겠어요."

이지돌은 그렇게 말하고는 샤를로트에게 부드럽게 물어보았다.

"이 사진은 네가 우리 아버지에게 전해 드렸니?"

샤를로트는 대답 대신 고개만 끄덕였다.

"어떤 사람이 사진을 주었지?"

"잘 기억이 안 나요."

"언제쯤이지?"

"저녁 식사를 끝낸 뒤 8시쯤이었던 것 같아요."

"사진을 주면서 그 남자가 무어라고 이야기했지?"

"이 사진을 아저씨께 아무도 모르게 드리고, 아들이 문밖에서 기다린다고 하라고 했어요."

"틀림없구나!"

이지돌은 다시 그 때의 일들을 자세히 물었다.

"왜 그런 심부름을 했지?"

"돈을 주니까요."

"얼마나 받았니?"

"옷도 사고 리본도 사라고 많이 주었어요."

"아저씨가 밖으로 나가자 어떻게 되었지?"

"그 사람들이 무어라고 하더니 자동차에 아저씨를 태우고 셔트르 쪽으로 달렸어요. 그러고는 보이지 않았어요."

"고맙다, 샤를로트."

이지돌은 식당에서 일어나 역 쪽으로 급히 달려갔다.

그는 뤼팽 부하들이 미행하고 있지 않다는 것을 확인한 다음, 역 근처에 있는 학교 친구의 집으로 들어갔다.

아버지의 편지

"이지돌, 연락도 없이 웬일이야?"

"아버지가 납치되셨어."

"응, 신문에서 보았다. 너의 글과 뤼팽의 투서, 너의 아버지가 납치당했다는 기사들을 보았어."

"그래서, 급히 왔어."

"그래, 뭘 좀 알아냈니?"

"셔트르 쪽으로 납치되신 것 같아."

"그래?"

"시간이 없어. 변장을 해야 해. 뤼팽의 부하들이 미행할지 몰라."

이지돌은 친구와 함께 열심히 변장을 시작하였다.

"됐어, 조심해. 성공을 빌게."

이지돌은 한 시간쯤 지난 뒤에 전혀 딴사람으로 변장을 하고 그 집에서 나왔다.

얼른 보면, 한 서른 살쯤 되는 영국인 화가처럼 보였다.

짙은 갈색 무늬 양복에 반바지, 긴 장화를 신고 모자도 썼다. 얼굴에는 칠을 하고 엷은 갈색 수염을 붙였다.

그리고 스케치 화판과 화구를 들었다. 누가 보아도 틀림없는 영국인

화가였다.

이렇게 변장을 하고 셔트르에 도착하니, 다음 날 아침 7시였다.

이지돌은 곧 활동을 시작하였다.

오후가 되자 이지돌은 이런 이야기를 들었다.

"자동차 한 대가 군항 도시 쪽에서 달려와 저 숲가에 멈추더니, 10시쯤 마차가 와서 남자 한 명을 태우고 북쪽으로 달려갔네."

"자동차를 타고 와서 북쪽으로 갔다는 것이군요?"

"그렇지."

"고맙습니다!"

이지돌은 아버지가 틀림없다고 생각하고, 마차 주인을 찾았다.

"손님을 어디로 모셨습니까?"

"나는 마차만 빌려 주었지. 어디로 누구를 태우고 갔다 왔는지는 전혀 모른다네."

이 말을 들은 이지돌은 실망하였다. 그러나 마차로 밤 10시쯤에 다녀올 수 있는 거리라면 여기서 그렇게 먼 거리는 아닐 거라는 생각이 들었다.

'아버지는 이 근처에 계실 것이다.'

이지돌은 열심히 뛰어다녔으나, 아무런 단서도 찾지 못하였다.

'혹시 살해되신 건 아닐까?'

그렇게 생각하니 마음이 더욱 조마조마해지면서 미칠 것만 같았다.

그 동안 이지돌은 신문에서 백작과 쉬잔이 집을 떠나 남부 프랑스의 니스 해안 별장으로 갔다는 것을 알았고, 미국인 해링턴이 석방되었다는 기사도 읽었다.

'아버지는 어디 계신 걸까? 이토록 찾아 헤매어도 계시는 곳조차 모르다니……. 그 마차는 중간 지점까지 아버지를 태우고 간 뒤, 다른 마차에 갈아 태우고 어디론가 간 것은 아닐까? 그렇다면 얼마나 멀리까지 데리고 갔단 말인가?'

이지돌은 더욱 안타깝기만 하였다.

그런 이지돌에게 월요일 아침, 우표가 붙어 있지 않은 편지가 파리로부터 날아왔다.

'아, 아버지의 글씨다! 어디서 쓰신 걸까? 지금 어디 계신 걸까?'

이지돌은 손이 부들부들 떨려서 봉투를 뜯을 수가 없었다. 그는 떨리는 손으로 봉투를 뜯었다.

  사랑하는 나의 아들, 이지돌 보아라!
  이 편지가 너에게 도착될지 어떨지 불안해서 견딜 수가 없구나!
  나는 하룻밤 동안은 자동차로, 그리고 다음 날은 마차로 실려 왔다.

내 눈은 가려져 있어서 아무것도 보지 못하였다.

지금 내가 있는 곳은 프랑스 중부의 어느 옛 성인 것 같다.

내가 있는 방은 3층이고, 창문이 두 개 있는데 그 하나는 담쟁이 덩굴로 가려져 있구나.

오후에는 정해진 시간에 정원 산책이 허락되지만, 감시가 매우 엄하단다.

돌을 매달아 감시하는 사람의 눈을 피해 담 밖으로 던지면 누군가가 주워서 너에게 보내 줄 것 같아 기대를 가지고 편지를 썼다.

내 걱정은 너무 하지 말아라. 나를 찾느라 공연히 위험한 모험을 하지는 말아라.

아버지로부터

우표는 없었지만, 소인은 앙드루주 크지용 우체국에서 찍혔다.

'아니, 그 곳은 내가 몇 번이나 샅샅이 뒤진 곳인데……'

아버지의 행방을 알아낸 이지돌은 노동자로 변장하고 크지용으로 떠났다.

그 곳은 작은 마을이어서 파리로 보낸 우표 없는 편지를 부친 사람을 쉽게 찾을 수 있었다.

그 편지는 대장장이 샤를 할아버지가 주웠다. 할아버지는 동네 이장에게 물었다.

"편지가 매우 급한 것 같은데, 우표가 없어도 갑니까?"

"그럼, 가고말고."

이지돌은 어렵지 않게 샤를 할아버지가 편지를 부쳐 주었다는 것을 알아냈다.

"그 친절하신 할아버지는 지금 어디 계십니까?"

"프레스리누라는 마을에 계시지. 그 곳에서 이 곳으로 날마다 대장장이 일감을 수레에 싣고 온다네."

이지돌은 프레스리누 마을로 급히 갔으나 샤를 할아버지를 만나지는 못하였다.

크뢰즈 마을의 정체

날이 밝고 아침이 되었다.

이지돌은 아버지 일이 궁금하여 아침 일찍 일어나 마을 길을 걸었다.

그 때 대장장이 샤를 할아버지가 수레를 끌고 지나가는 것이 보였다. 이지돌은 아버지를 만난 것처럼 가슴이 뛰었다. 그는 할아버지 뒤를 부지런히 따라갔다. 할아버지는 에그종으로 가는 시골 길을 손수레를 끌고 터덜터덜 걸어가고 있었다.

그 뒤를 따라가던 이지돌은 또 다른 남자가 할아버지의 뒤를 밟고 있는 것을 알았다.

'아니! 할아버지를 따라가는 사람이 나말고 또 있네!'

어떤 사나이가 할아버지와 이지돌 사이에서 부지런히 걷고 있었다. 이상한 것은 할아버지가 가다 멈추면 그 사나이도 멈추고, 할아버지가 걸어가면 또 걸어가는 것이었다.

할아버지가 길을 멈추고 한참을 쉬면 그 사나이도 쉰 채로 담배를 피워 가며 이곳저곳 주변의 경치를 살피는 것이 아무래도 수상하였다.

그러니까 할아버지 뒤에서 일정한 간격으로 어떤 사나이와 이지돌이 숨바꼭질을 하며 따라가는 것이었다.

그런데 할아버지가 다리를 건넜는데도, 그 사나이는 뒤따라 다리를 건너지 않고 서서 할아버지의 뒷모습을 유심히 살피는 것이었다.

'왜 따라가지 않고 저러고 있을까?'

이지돌은 궁금하였다. 그 사나이는 할아버지가 보이지 않자 들판의 오솔길로 접어들었다.

"저 녀석은 할아버지가 똑바로 가는 것을 끝까지 지켜본 것이다. 그러고는 안심하고 어디론가 사라졌다. 어디로 갔으며, 도대체 누구란 말인가?"

이지돌이 고개를 갸웃거리며 그의 뒤를 쫓아가자 그 사나이는 들판을 가로질러 냇가 옆의 우거진 숲 속으로 들어가더니 갑자기 모습을 감추었다.

숲 속으로 갔는지, 무성한 풀 속에 숨었는지 알 수가 없어서 이지돌은 걸음을 멈춘 채 살펴보았다.

숲 사이에는 쓰러져 가는 낡은 성벽이 길게 이어져 있었다. 그 성벽을 보는 순간, 이지돌의 심장은 쿵쿵 뛰기 시작하였다.

'옳지, 저기다! 아버지가 납치되어 감금되어 있는 옛 성이 틀림없다. 어쩌면 아버지뿐만 아니라 가니말 형사, 홈스 탐정도 저 곳에 있을지 모른다. 저 곳은 뤼팽의 비밀 은신처일지도 모른다.'

그렇게 생각하자 가슴은 더욱 쿵쿵 뛰고 용기가 솟아올랐다. 이지돌은 우거진 숲 속으로 살금살금 기어가서 성벽 가까이 접근하였다.

그 성은 300여 년 전 국왕 루이 13세의 대저택으로 그 한가운데는 거대한 바늘처럼 뾰족한 탑이 하늘을 찌를 듯이 솟아 있었다.

'저 탑 안이 수상한데……. 저 속에 갇혀 있는 것이 아닐까? 뤼팽도 틀림없이 저 속에 숨어 있을 것이다.'

이지돌은 적이 숨어 있는 곳을 드디어 찾아냈다고 생각하였다. 그렇지만 분명하게 조사해서 계획을 세우지 않으면, 일이 실패로 돌아갈 수도 있다고 생각하였다.

성벽에 접근하여 들어갈 수 있는 구멍이 있는가 하고 찾아보았으나, 들어갈 틈이 보이지 않았다. 이지돌은 들키지 않으려고 조심스럽게 다리가 있는 곳까지 되돌아왔다.

"여보세요, 길 좀 물어봅시다."

"어디를 찾으십니까?"

"저 숲 속에 있는 낡은 성은 무얼 하는 곳인가요?"

"아! 그 곳은요, 에귀유 성입니다."

"뭐라고요? 바늘 성?"

이지돌은 깜짝 놀랐다. 그 암호문 속에 있는 문제의 에귀유, 즉 바늘 성이 바로 이 곳일 줄은 꿈에도 몰랐던 것이다.

그러나 태연한 표정을 짓고 다시 물어보았다.

"바늘 성이라니, 이름이 참 예쁘군요."

"성의 탑이 하나같이 바늘처럼 뾰족하다고 하여 그렇게 부르지요."

"그러면 이 곳 마을의 이름이 무엇입니까?"

"크뢰즈 마을입니다."

"그렇습니까?"

이지돌은 또 한 번 크게 놀랐다.

크뢰즈란 속이 비어 있다는 뜻이었다.

암호문에 있는 그대로였다. 크뢰즈, 속이 빈 바늘이라는 것은 바로 이 마을과 저 성의 이름이었던 것이다.

그리고 그 곳이 뤼팽의 비밀 은신처인 것은 두말할 나위도 없었다.

이지돌은 두근거리는 가슴을 안고 호텔로 되돌아왔다.

드디어 아버지의 행방도 알아내게 되었고, 암호문 속의 에귀유와 크뢰즈의 비밀도 풀게 되었다.

'경찰에 알리지 말고, 나 혼자 조용히 그 비밀을 밝혀 내야지.'

이지돌은 이렇게 생각하며 계획을 세웠다.

에귀유 성의 주인

다음 날 아침에 이지돌은 호텔을 나와 숲 속으로 들어갔다.

숲 속에서 옷을 갈아입고 다시 영국인 화가로 변장을 하였다. 그리고 이 고장에서는 가장 큰 에그종 마을로 갔다.

이지돌은 이 근처의 고장과 건물에 관하여 잘 알고 있는 공증인을 찾아가 이야기를 하였다.

"이 고장이 마음에 들어서 잠시 살고 싶은데 어디 적당한 집이 없습니까?"

"물론 있지. 골라 보게나."

공증인은 몇 채의 집과 땅을 보여주었다.

"이 곳이 좋을 것 같군요. 강 건너 저편에 있는 에귀유 성이 가장 마음에 드는군요. 팔겠다고 하는 소문은 들었습니다만……."

이지돌은 시치미를 떼고 넌지시 물어보았다.

"그 집은 안 되네. 이탈리아 사람인 앙프레지 남작이 여름 동안 살기로 되어 있지."

이지돌은 혹시 뤼팽이 앙프레지 남작으로 가장한 것이 아닐까 하는 생각이 들었다.

"글쎄, 직접 만나 본 적은 없네. 그 남작은 저 성의 주인에게 직접 이야기를 하여 빌렸다고 하니까."

"직접 만나서 빌렸다고요?"

"이번 여름 동안만 쓰기로 했다네."

"그럼 그 성의 주인은 누구입니까?"

"바르메라 씨라고 하는데, 파리에 살고 있다네."

"혹시 바르메라 씨의 파리 주소를 아십니까?"

"음, 여기……."

공증인은 주소록을 보여주었다.

"아마 저 성을 팔지도 모른다지?"

공증인은 이렇게 한마디 더 하였다. 이지돌은 바르메라의 주소를 알아낸 뒤 곧 파리로 가는 열차에 올라탔다.

파리에 도착한 이지돌은 바르메라를 만나기 위하여 세 차례나 헛걸음을 하였다.

그러다 드디어 바르메라를 만나게 되었다. 바르메라는 서른 살 정도의 사나이로 인상이 퍽 좋아 보였다.

이지돌은 이런 사람이라면 믿어도 좋겠다고 생각하고 정직하게 이야기를 하였다.

"바르메라 씨, 저 좀 도와주세요. 틀림없이 우리 아버지께서 그 성 안에 갇혀 있다고 믿습니다. 그 성을 빌려 쓰고 있는 앙프레지 남작과는 어떤 사이입니까?"

"실은 나도 그 사람을 잘 모르네. 그 성을 빌려 주었을 뿐이니까."

"앙프레지 남작은 젊은 사람입니까?"

"그래, 눈이 퍽 날카로웠지."

"턱수염이 있었나요?"

"양쪽으로 갈라서 기르고 있었어."

"그 놈입니다. 그는 남작이 아니라 괴도 뤼팽임에 틀림없어요. 그 놈을 체포해야 하는데, 바르메라 씨가 도와주셔야겠어요."

바르메라는 이지돌의 말을 듣고 크게 놀란 듯이 부르르 떨었다.

"아, 그 사람이 뤼팽이라고? 그렇다면 이야기가 재미있겠군."

바르메라는 이렇게 말하면서 뤼팽과 이지돌의 기사를 신문에서 잘 읽어 이미 알고 있다고 말하였다.

이지돌은 바르메라도 같은 생각을 가지고 있다고 믿었다.

그러나 이지돌은 혹시 이 사람이 뤼팽과 관련이 있지 않을까 걱정을 하면서 물었다.

"뤼팽을 체포하는 데 협조해 주시는 거죠?"

"물론이지. 나는 그가 남작이라고만 알고 있었어. 괴도 뤼팽이라고는 꿈에도 생각지 못했네. 협조하고말고!"

이지돌은 성안을 살피기 좋게 밤중에 성안으로 숨어 들어갈 생각을 바르메라에게 말하였다.

"그건 불가능하네. 성벽이 너무 높아서 넘어 들어갈 수가 없어. 비밀 쪽문으로 들어가는 것 외에는 다른 방법이 없네. 그런데 그 쪽문으로 몰래 들어가더라도 뤼팽이 어디 있는지, 어느 방에 당신의 아버지가 갇혀 있는지 찾아내기가 어려울 걸세. 방이 무려 80개나 되니까."

"저의 아버지는 3층에 창이 두 개 달린 방에 갇혀 계시다고 합니다."

"그런가? 그 방은 덩굴 방이지. 그러나 거기에는 계단이 셋이고, 길이 꼬불꼬불한 마치 미로 같은 복도가 연결되어 있어서 찾기가 매우 복잡하다네. 여기서 내 설명만 듣고서는 쉽게 찾을 수 없을 걸세."

"그렇다면 당신이 함께 가 주시겠습니까?"

"……."

바르메라는 대답 없이 잠시 망설이다가 승낙하였다. 그리고는 창고에서 낡고 녹슨 큰 열쇠를 꺼내며 말하였다.

"이것이 성벽의 비밀 쪽문 열쇠네. 그 쪽문은 몇백 년 동안 한 번도 사용하지 않았지. 남작에게 성을 빌려 줄 때도 쪽문이 있다는 이야기는 하지 않았어."

"쪽문은 어느 쪽으로 가야 합니까?"

"숲 가장자리에 있네."

"아, 그들은 이미 그 쪽문을 알고 있어요."

이지돌이 외쳤다.

"알다니? 이야기를 하지 않았는데 어떻게 알아냈을까?"

"내가 뒤를 밟아간 사나이는 그 비밀 쪽문을 통해서 성 안쪽으로 사라졌어요. 숲 속으로 들어간 뒤 갑자기 없어졌으니까요. 그러니 쪽문을 통해 들어간 것이 틀림없어요. 어쨌든 이제부터가 고비입니다. 조심하지 않으면 오히려 당하고 말 겁니다."

이지돌은 이렇게 말하면서 바르메라의 표정을 살펴보았다. 그러나 바르메라는 뤼팽과는 어떤 관계도 없어 보였다.

비밀 쪽문

그로부터 4일이 지났다.

바르메라는 자신이 마부로 변장하고 야윈 말이 이끄는 짐마차에 이지돌과 그의 친구 두 명을 태웠다.

네 사람은 길을 달려 에귀유 성이 가까운 마을로 접어들었다. 그들은 성 주변을 살펴가며 미리 확인을 해 두었다.

이지돌은 비밀 쪽문의 위치도 정확히 알아 두었다. 기둥과 기둥 사이에 있었으나 가시나무 덤불로 가려져 있고 성벽의 돌과 거의 비슷해서 분간하기가 어려웠다. 날이 저물고 어둠이 깔리기 시작하였다. 밤하늘은 점점 시커먼 구름으로 가려졌다.

"밤이 깊어지면 들어가자고!"

바르메라가 말하였다.

드디어 밤이 깊어지면서 사방은 한치 앞도 내다볼 수 없을 만큼 캄캄해졌다. 비밀 쪽문은 잡초와 담쟁이덩굴에 가려져 더욱 찾아내기가 어려웠다.

"낮에 확인해 두었는데도 찾기가 어렵네요."

"여기야, 이지돌."

바르메라가 소리를 죽여 말하였다. 이지돌은 열쇠로 문을 열었다.

"바르메라 씨가 아니면 도저히 불가능했을 거예요."

이지돌은 이렇게 말하며, 쪽문을 살며시 열고 성 안으로 들어갔다.

바르메라도 이지돌의 친구들에게 망을 보게 하고는 발자국 소리를 죽여 가며 쪽문 안으로 들어갔다.

성 안으로 들어선 두 사람은 울창한 나무 숲을 헤치며 나아갔다. 구름 사이로 희미한 달빛이 새어들어 주위를 어느 정도 밝혀 주었다.

이지돌과 바르메라는 맞은편에 우뚝 솟아 있는 거대한 바늘 탑을 바라보았다. 몇 개의 종이 달린 망루들이 솟아 있고 가늘게 모가 난 탑이 송곳처럼 솟아 있었다.

바늘 성이라는 말에 걸맞게 뾰족뾰족하였다. 창문마다 불빛이 모두 꺼져 있고, 인기척도 들리지 않았다.

이지돌과 바르메라는 숨소리를 죽여 가며 건물 가까이로 다가갔다. 그 때 갑자기 바르메라가 이지돌을 잡아당기면서 낮은 소리로 말하였다.

"저쪽에 개가 있군."

바르메라가 낮게 휘파람을 불자, 개 두 마리가 꼬리를 흔들며 달려오더니 재롱을 떨기 시작하였다.

"오, 주인을 알아보는군!"

바르메라는 개의 머리를 쓰다듬으며 조용하게 말하였다.

"됐네, 이제 안심하게. 테라스까지 가는 데는 별일 없을 걸세."

"휴우!"

이지돌은 가볍게 한숨을 내쉬었다. 긴장했던 탓에 맥이 풀리는 것 같았다.

바르메라가 다시 말을 이었다.

"저쪽에는 잘 잠기지 않는 문이 있는데, 밖에서는 곧잘 열리지."

두 사람이 살금살금 가 보니 정말 문단속이 허술한 문이 하나 있었다. 살짝 밀었더니 안쪽으로 소리 없이 열리는 것이었다.

바르메라가 먼저 건물 안으로 들어서고 이지돌이 그 뒤를 따랐다.

"여기는 본관 복도 끝이고, 맞은편에 아주 큰 거실이 있네. 그 구석에 있는 계단을 따라 올라가면, 자네 아버지가 갇혀 계시는 덩굴 방이 나올 걸세."

이지돌은 흥분되기 시작하였다. 그러나 마음을 침착하게 하면서 어둠 속을 더듬어 갔다. 바르메라가 뒤에서 도와주었다.

발걸음 소리를 죽여 가면서 살금살금 한 발 두 발씩 옮겨갔다. 희미한 호흡 소리만이 서로를 이어 주고 있을 뿐이었다. 바르메라는 이지돌의 어깨를 살짝 끌어당기며 속삭였다.

"저기 희미한 불빛이 보이네."

이지돌은 눈을 크게 떠서 그 쪽을 바라보니 희미한 불빛 아래서 한 사나이가 총을 들고 지키는 모습이 보였다.

이지돌은 한쪽 옆에 있는 화분 뒤로 몸을 숨기며, 무릎을 꿇고 그 사나이를 살펴보았다.

심장이 놀라 방망이질하듯 요란스럽게 뛰었다.

지키고 서 있는 사나이는 꼼짝도 않고 어둠 속을 뚫어지게 바라보고 있다가, 메고 있던 총을 내려놓고는 얼굴을 화분으로 돌렸다.

숨막힐 듯한 긴장감이 흐르기 시작하였다.

"저 자가 우리를 보았을까요?"

이지돌의 가슴은 더욱 쿵쿵 뛰었다.

긴장된 순간이 매우 더디게 흘러가는 것 같았다. 5분, 10분, 15분…….

지금까지 숨을 죽이고 발걸음에만 신경을 쓰며 여기까지 온 이지돌은 너무나 긴장한 나머지 초조한 순간순간을 보내고 있었다.

그 사나이는 시선을 아래로 떨어뜨리더니 그 자리에 앉아 졸고 있는 것 같았다.

드디어 계단 창문에서 달빛이 비스듬히 비껴 들더니 달빛 줄무늬가 조금씩 조금씩 옆으로 옮아가고 있었다.

'조금만 더 기다리자! 그러면 달빛이 사라지겠지…….'

이지돌은 이렇게 생각하면서 시간이 가기를 기다렸다. 그 때 옆에 있는 바르메라가 움직이는 것 같았다.

이지돌은 눈을 크게 뜨고 바르메라를 바라보았다.

"어떻게 할 셈인가요?"

그러나 바르메라는 대답을 하지 않고, 지키고 있다가 졸고 있는 사나이 쪽으로 살금살금 다가갔다. 그는 가까이 가더니 와락 덤벼들어 목을 졸랐다.

그 사나이는 몸부림을 치는 것 같았다. 이지돌도 그 곳으로 뛰어들었다. 바르메라는 그 사나이의 목을 힘껏 졸라 실신시킨 뒤 말하였다.

"해치웠어! 빨리 서둘러!"

두 사람은 계단을 뛰어올라 2층에서 3층으로 가고, 다시 오른쪽에서 왼쪽 네 번째에 있는 방 앞에 이르렀다.

그러나 문제가 생겼다. 문에 큰 자물쇠가 잠겨 있었다. 그 자물쇠를 부수는 데 무려 30분이나 흘렀다. 겨우 자물쇠 고리를 부수고 방 안으로 들어갔다.

이지돌은 침대를 손으로 더듬어 찾아낸 뒤 목소리를 죽여 말하였다.

"아버지, 저예요. 이지돌이 왔어요. 어서 일어나세요."

"아니, 네가?"

"예, 쉿! 조용히 일어나세요."

"오냐!"

아버지는 감격해서 옷을 갈아입고 방에서 나오려다 말고 조용히 말을 하였다.

"이지돌! 이 성안에 갇혀 있는 사람이 나말고도 많은 것 같더구나!"

"누구입니까? 가니말 형사나 홈스 탐정도 있습니까?"

"아냐, 젊은 아가씨야!"

"아가씨요? 그렇다면 제브르 백작의 조카딸 레이몽드가 틀림없군요."

"안뜰에 있는 것을 먼발치로 몇 차례 보았지. 창문으로 내다보면 맞은편에 그 아가씨 방이 보인다. 그 아가씨는 나에게 손짓을 했어."

"어느 방이지요?"

"이 복도 오른쪽."

"그 곳이면 푸른 방이군! 가 보세, 이지돌."

바르메라가 앞장섰다. 이지돌과 아버지도 따라나섰다.

그 방 문은 쉽게 열 수가 있었다. 아버지가 방 안으로 들어가 조금 있다가 아가씨를 데리고 나왔다.

역시 레이몽드였다. 레이몽드는 어둠 속에서 보아도 몹시 지쳐 있는 모습이었고, 새파랗게 질려 있었다.

네 사람은 살금살금 계단을 내려왔다. 보초를 서다가 목이 졸린 그 사나이는 아직도 쓰러져 있었다.

네 사람은 테라스에서 밖으로 나와 그 비밀 쪽문으로 향하였다.

"잘 됐어! 이제 돌아가자."

이지돌은 쪽문에서 망을 보던 두 명의 친구에게 반가운 목소리로 말하였다.

아버지와 레이몽드를 무사히 구출하는 데 성공한 이지돌은 마을의 호텔로 돌아왔다.

"아버지, 이 분은 바르메라 씨인데, 그 성의 주인이십니다."

"오, 수고하셨습니다. 정말 고맙습니다."

"바르메라 씨, 이 아가씨는 제브르 백작님의 조카 따님이신 레이몽드 양입니다. 뤼팽에게 총을 쏘아 중상을 입혔다가, 이렇게 납치되었어요. 사람들은 레이몽드와 뤼팽이 죽은 걸로 알고 있었어요."

"예? 죽은 걸로 알고 있었다고요?"

레이몽드가 깜짝 놀라며 반문하였다.

아버지와 레이몽드

레이몽드는 뜻밖에 이지돌과 바르메라의 도움으로 성을 탈출하였으나, 사람들이 자기와 뤼팽과 죽은 줄로 알고 있다는 데에 깜짝 놀랐다.

"이지돌, 내가 죽은 것으로 된 이야기를 들려 주세요."

"바닷가에서 어떤 여자의 시체가 떠올랐어요. 시체의 얼굴은 많이 썩고 형체를 알아볼 수 없을 만큼 상처가 많았어요."

"그런데 그 여자를 어떻게 저라고 단정했지요?"

"증거가 있었어요. 분명한……."

"증거라니요?"

레이몽드가 다그치듯 물었다. 그러자 이지돌은 빙그레 웃으면서 이야기를 하였다.

"누가 그랬는지 몰라도, 레이몽드가 평소에 잘 끼고 다니는 금팔찌를 그 여자 시체의 손목에 끼워 놓았습니다. 그것을 본 제브르 백작이 틀림없는 조카딸이라고 시인을 하였어요."

"예?"

레이몽드는 눈이 둥그레지면서 자기의 손목을 만졌다. 하지만 금팔찌가 없어진 지는 이미 오래되었다.

"뤼팽 짓이 틀림없어요."

레이몽드는 입술을 깨물며 가볍게 몸을 떨었다.

"참, 궁금한 것이 있어요. 저 성안에서의 뤼팽의 행실과 성안의 형편을 알고 싶어요."

이지돌이 아버지에게 물어보았다.

"뤼팽은 이틀이나 사흘에 한 번씩 성에 들어오는 것 같더라. 언제나 저녁때가 되어서야 자동차를 타고 오지. 그리고 성에서 하룻밤을 자고 아침 일찍 성을 나가 어디론가 가더구나. 뤼팽은 이 성에 오면 언제나 나와 이 아가씨가 갇혀 있는 방을 둘러보았어. 겉보기에는 아주 씩씩하고 예의바른 신사 같더구나. 어떤 때는 아들이 보고 싶지 않느냐고 묻기도 했어."

아버지는 뤼팽에 대하여 이렇게 말하였다.

그러자 레이몽드도 공감하듯 고개를 끄덕이고는 질문을 하였다.

"먼저, 뤼팽이 죽었다고 소문난 것은 어떤 이유인가요?"

"참, 뤼팽이 죽었다는 것은 백작의 집 교회 지하실에서 남자의 시체를 발견했기 때문이지요."

"아니, 시체라니요?"

레이몽드는 눈을 크게 떴다. 이지돌은 그런 레이몽드의 마음을 읽고 있었다는 듯이 이야기를 해 주었다.

"교회 안 설교대 앞의 비밀 통로를 뜯어내는 순간, 큰 돌이 떨어져서 시체의 얼굴을 짓이겨 놓고 말았어요. 그래서 부패된 시체의 얼굴을 알아볼 수 없게 되었지요."

"그 시체가 뤼팽이라는 단서가 있었습니까?"

"시체가 걸치고 있는 옷에서 뤼팽의 가명 약자인 E.V.가 발견되었기 때문입니다."

"철저한 위장이군요."

레이몽드는 쓴웃음을 짓고 나서, 이야기를 계속하였다.

"이지돌! 뤼팽은 나에게 결혼하자고 지금까지 졸랐어요. 나를 이 세상에서 가장 사랑한다고 하면서요. 자기와 결혼만 해 주면 가장 행복한 사람이 되게 해 준대요. 그러나 나는 그를 동정한 것이지 사랑하지는 않았어요. 그의 아내가 될 수는 없어요. 동정과 애정은 다르니까요. 나는 그에게 총을 쏘았고 중상을 입혔어요. 도망치다가 쓰러진 그를 보는 순간 사람으로서의 큰 죄를 깨달았어요. 사람이 어떻게 사람을 죽일 수 있겠어요? 내가 그에게 총을 쏜 것은 틀림없는 사실이고, 그가 중상을 당한 것도 엄연한 사실이에요."

레이몽드는 잠시 한숨을 쉬더니 말을 이었다.

"그냥 두면 죽고 말 것 같은 그 사람을 보는 순간, 어떻게 하든 그를 살려야 한다는 생각뿐이었어요. 그래서 그를 숨겨 주고 치료를 해 준 뒤, 도피시켰어요. 그런데 그 결과 이렇게 납치되었어요. 총을 쏜 것은 위협 사격이었어요. 그가 총에 맞고 쓰러지리라고는 생각지도 못했어요. 원수를 사랑한 것뿐이지, 결코 결혼 상대자로 생각한 적은 없어요. 저 성안에서도 그는 내 마음을 돌려 보려고 많은 애를 썼어요.

하지만 나는 그럴수록 미워하는 마음만 생겼어요. 사랑한다면서, 결혼하자고 하면서 나를 이렇게 가둬 두어야만 하나요?"

"레이몽드, 이제는 그런 생각에서 벗어나세요."

이지돌은 이렇게 말하면서 다시 아버지에게 질문을 하였다.

"아버지, 어젯밤에는 뤼팽이 오지 않았어요?"

"그래, 어젯밤에는 보이지 않더라."

"하지만 틀림없이 부하가 있을 거예요. 그 놈만 잡으면 뭔가 실마리를 풀 수 있을 텐데. 서두르지 않으면 기회를 놓치고 말 거예요."

이지돌은 바르메라에게 아버지와 레이몽드를 부탁하고 자전거를 타고 급히 마을 경찰서로 갔다.

"뭐라고? 뤼팽의 부하가 저 성안에 있다고?"

이지돌의 보고를 들은 경찰서장은 급하게 명령을 내리고 형사부장에게 출동을 지시하였다.

형사부장은 여덟 명의 부하를 거느리고 급히 성으로 달려갔다.

형사부장은 쪽문 앞에 형사 네 명을 배치하고, 나머지 네 명을 데리고 성의 정문으로 들어갔다.

이지돌도 그 뒤를 따라갔다.

"이크, 한발 늦었구나!"

이지돌이 크게 외쳤다. 성의 정문과 성안의 건물 문도 이미 활짝 열려 있었다.

형사부장은 근처에 있는 농부에게 사정을 알아보았다.

"예, 조금 전에 성안에서 자동차가 나가는 것을 보았어요. 어디론가 급하게 달려가는 것 같아 보였어요."

농부가 대답하였다.

"놈들이 벌써 도망쳤구나!"

이지돌은 주먹을 쥐며 부르르 떨었다.

형사와 탐정

"뤼팽이 머물다 간 증거를 찾아야 하지 않겠소?"

형사부장은 부하들을 데리고 안으로 들어갔다. 이지돌도 따라 들어갔다. 그러나 안은 텅 비어 있었다.

뤼팽의 부하들은 이지돌의 아버지와 레이몽드가 누군가에 의하여 구출되어 탈출한 것을 알고, 바로 성을 빠져나갔다.

성안 구석구석을 뒤져 보았으나 이렇다 할 증거가 될 만한 것은 눈에 띄지 않았다. 아버지를 구출하기 직전 바르메라가 목 졸라 쓰러뜨린 사나이도, 총도 깨끗이 치워지고 없었다.

"뤼팽이 여기 있었다는 것이 틀림없나요?"

형사부장은 못 믿겠다는 듯이 퉁명스럽게 말하였다.

"그렇습니다. 조금 전에 아버지를 이 성에서 구출했으니까요."

이지돌은 아버지와 백작의 조카딸 레이몽드를 구출하여 마을 호텔로 옮겼지만, 지금 이 순간에는 거짓말처럼 되고 말았다. 꾸며 댄 연극이라고 말을 해도 별 뾰족한 방법이 없었다.

그러나 곧 뤼팽이 있었다는 증거물이 나왔다.

레이몽드가 갇혀 있던 방 옆에 아름다운 꽃다발이 놓여 있는 것이 발견되었다.

그 꽃다발에는 '아르센 뤼팽'이라는 명함과 함께 한 통의 편지가 들어 있었다.

편지는 뤼팽이 레이몽드에게 보낸 것이었다. 뤼팽이 레이몽드를 얼마나 깊이 사랑하고 있었는가를 나타내는 마음의 글이 담겨 있었다. 그리고 마지막에는 이렇게 쓰여 있었다.

레이몽드!
나는 화요일 밤에 그대를 다시 찾아오겠소. 그 때까지 잘 생각해 두었다가 좋은 대답을 주기 바라오.
나는 그대를 위하여 무슨 일이든지 하고야 말 결심이오.

아르센 뤼팽으로부터

형사부장은 큰 보물이라도 찾은 것처럼 환하게 웃었다.
이지돌은 그 편지를 읽고 혼자 중얼거렸다.
"내가 레이몽드를 구출한 날이 바로 화요일 밤인데, 재수가 없군! 그 날 뤼팽을 만났어야 하는 건데……."
"아마도 무슨 일이 생겨서 예정을 바꾼 모양이군."
형사부장도 이렇게 중얼거렸다.
"그 날 뤼팽을 만났더라면 참 재미있었을 텐데. 어쨌든 아버지와 레이몽드를 무사히 구출해 냈으니 멋진 성공은 틀림없다!"
이지돌이 아버지와 레이몽드를 구출한 상쾌한 뉴스가 뤼팽이 레이몽드에게 주는 편지와 함께 곧 세상에 알려졌다.
소년 탐정 이지돌의 이름은 더욱더 유명해졌고, 뤼팽의 체면은 또 한 번 바닥에 떨어지고 말았다. 모든 것은 이지돌이 생각하고 추리한 대로 그대로 맞아떨어진 것이다.
에귀유 성의 수수께끼가 풀린 것도 세상 사람들을 또 한 번 놀라게 하는 충격적인 뉴스였다. 레이몽드가 살아 있다는 뉴스가 전해지면서 신문 기자들은 끈질기게 질문 공세를 폈다.

그러나 레이몽드의 대답은 간단하였다.

"저는 뤼팽을 동정하여 숨겨 주고 치료해 주었을 뿐입니다. 그러나 뤼팽이 저를 어떻게 생각하고 있었는지는 모르는 일이며, 저와는 상관이 없습니다."

레이몽드는 더 이상 뤼팽에 대하여 생각하고 싶지가 않았다.

그러나 성안에서 발견된 뤼팽의 편지와 꽃다발은 좋은 이야깃거리가 되고도 남았다.

"뤼팽이 레이몽드를 얼마나 사랑하였으면 저랬을까?"

세상 사람들은 이렇게 감탄하면서도 뤼팽을 웃음거리로 만들었다.

"뤼팽도 주책이지. 레이몽드를 좋아하다니! 그러다가 이지돌에게 멋지게 당했지. 이지돌이 뤼팽보다 훨씬 멋지단 말이야!"

이지돌은 이렇게 칭찬을 받았다.

한편, 이지돌은 뜻밖의 납치와 감금으로 많이 지쳐 있는 아버지께 휴양을 권하였다.

"아버지, 남부의 니스 해안으로 가셔서 푹 좀 쉬세요. 레이몽드도 함께요."

이지돌은 아버지와 레이몽드를 프랑스 남부의 휴양지인 니스 해안으로 안내하였다.

니스에는 이미 제브르 백작과 쉬잔이 와 있었다. 그리고 바르메라도 나이 드신 그의 어머니를 모시고 그 곳에 와서 휴양을 하고 있었다.

그래서 세 가족이 함께 즐거운 시간을 보내었다.

시간은 흘러 어느덧 10월 초순이 되었다.

니스에서 휴양을 한 이지돌과 아버지, 제브르 백작과 바르메라 가족들이 프랑스 파리로 되돌아왔다.

이지돌은 새 학기 공부를 시작하였다. 바쁜 학교 생활이 계속되고, 뤼팽과의 싸움은 끝난 것같이 조용해졌다.

그런데 어느 날, 갑자기 가니말 형사와 홈스가 사람들 앞에 나타나서 깜짝 놀라게 하였다.

가니말 형사와 홈스는 파리 경시청 앞에서 손발이 꽁꽁 묶인 채, 마취약에 취해 마치 죽은 사람같이 곯아떨어져 있었다. 그리고 아침 일찍 일터로 가던 사람이 이들을 발견하였던 것이다.

'가니말 형사와 홈스 탐정이 초췌한 몰골로 마취되어 돌아오다!'

아침 뉴스가 터져 나왔다.

뉴스를 들은 이지돌은 또다시 흥미가 생겼다.

"뤼팽, 치사하구나. 가니말 형사와 홈스 탐정을 그런 꼴로 돌려보내다니! 이럴 수가 있나?"

그로부터 일주일쯤 지나서 가니말 형사와 홈스는 겨우 제정신, 제 모습으로 돌아왔다.

가니말 형사는 홈스와 함께 뤼팽이 가지고 있는 요트 '제비호'를 타고 아프리카 쪽으로 항해하였다는 것밖에 아무것도 기억나는 것이 없다고 하였다.

요트 아래쪽 방에서 감시 속에 후한 대접을 받으며, 긴 항해를 하였기 때문에 물 속으로만 여행을 한 셈이었다. 그리고 아프리카를 한 바퀴 돌아 다시 프랑스 어느 항구에 도착하였을 때에는, 물 밖으로 나오기 전에 마취 주사를 맞아 그 다음 일은 아무것도 모르게 된 것이었다.

그러나 홈스는 이런 어처구니없는 일을 당한 것이 창피하였던지 입을 닫고 아무 말도 하지 않았다.

파리 경시청에서도 이름을 날리는 명형사 가니말이나, 영국에서도 으뜸가는 명탐정 홈스도 이렇게 당하고 보니 체면이 구겨질 대로 구겨지고 말았다.

'왜 가니말 형사와 홈스 탐정을 마취시켜 경시청 앞에 내버렸을까? 뤼팽이 싸움에 지쳐 항복을 표시한 것일까? 싸움을 그만두고 그 사건에서 손을 떼고 싶다는 표시일까?'

이지돌은 이런 생각을 해 보았다.

그러나 수수께끼 같은 이 일에 대한 시원한 답변은 나오지 않았다.

프랑스 왕의 함정

가니말 형사와 홈스가 어처구니없게도 마취되어 되돌아왔을 때, 더욱 더 큰 변화가 일어났다. 그것은 바르메라와 레이몽드가 서로 깊이 사랑하게 되었다는 사실이었다. 레이몽드는 이지돌의 지혜와 용기에 감탄하여 그 무서운 성안으로 안내해 주었다는 바르메라의 의리에 감탄하여 마음이 강하게 끌렸던 것이다.

그 무서운 뤼팽으로부터 자기를 구출해 준 사람은 바로 이지돌이지만, 이지돌에게 그런 용기와 지혜를 안겨 준 사람은 바로 바르메라였다고 레이몽드는 생각하였다.

'위험을 무릅쓰고 모험을 하다니, 세상에 그런 용기 있는 사람이 어디 있단 말인가!'

그래서 레이몽드는 바르메라가 뤼팽보다도 더 멋지고 용기 있고 믿음직스러운 사나이로 생각되었다. 그래서 아주 빠른 속도로 사랑하게 되었고 드디어 결혼까지도 하게 되었다.

사람들은 뤼팽이 두 사람의 결혼을 방해하지 않을까 걱정을 하였다. 그러나 두 사람은 여러 사람의 축하 속에서 결혼식을 마쳤다.

이지돌은 바르메라와 레이몽드의 결혼 축하연을 열어 주었다. 그러나 한편에서는, 이지돌의 위대한 승리를 축하하기 위해 장송 고등학교에서 파티 준비를 하고 있었다.

파리에 있는 다른 고등학교 학생 대표들에게도 초청장을 보냈다.

드디어 파티 날이 되었다. 300명이 넘는 많은 사람들이 모여 이지돌을 축하해 주었다.

천재 소년 탐정 이지돌은 우레와 같은 큰 박수를 받아 가면서 무대로 입장하였다. 그는 싱글벙글 웃음을 띠었다.

옛 성에서의 모험 이후 아주 친한 사이가 된 바르메라도 이지돌 옆에 앉았다. 제브르 백작과 아버지도 자리를 함께 하였다.

"여러분, 저를 위해서 이렇게 훌륭한 잔치를 마련해 주셔서 감사합니다. 자, 우리 모두 축배의 잔을 듭시다!"

이지돌은 이렇게 정중하게 인사말을 하고 축하의 잔을 높이 들었다.

그 때, 연회장 한쪽에서 떠들썩한 소리가 났다. 어떤 사람이 신문을 흔들면서 무엇이라고 소리를 치고 있었다.

"쉿! 조용히 하세요."

사람들은 모두 조용히 입을 다물었다. 그러나 그 신문은 이 사람 저 사람의 손을 거쳐가면서 놀라움의 소리를 만들어 내었다.

"무슨 큰 사건이라도 생겼습니까?"

이지돌은 불안하여 물었다.

그 때 사람들의 손을 거쳐온 신문이 이지돌의 손에까지 이르렀다.

이지돌은 빨간 색연필로 표시해 놓은 기사를 재빨리 읽었다. 순간 이지돌의 얼굴빛은 검게 변하기 시작하였다.

"아니, 이건 또 무엇인가? 에귀유 성의 크뢰즈라는 '속이 빈 바늘'이라고 하는 것은 그 성이 아니라 다른 성이라니……. 그럴 수가!"

이지돌은 신문 기사를 보며 흥분하기 시작하였다.

거기에는 정말 알쏭달쏭한 이상한 기사가 실려 있었다. 그것은 지금까지 이지돌이 생각하고 추리해 온 것을 송두리째 뒤엎고 마는 놀라운 새 사실이었다.

이지돌이 지금까지 쏟아 온 정성과 노력이 모두 헛된 것이 되고 말았다. 더구나 이지돌이 뤼팽에게 이겼다고 생각한 것은 덧없는 꿈이 되고 말았다.

그 기사는 '에귀유 크뢰즈의 비밀'이라고 하는 큰 제목으로 프랑스 최고의 역사학자로 꼽히는 마시방 박사가 쓴 논문이었다.

마시방 박사는 역사학자 가운데서도 으뜸으로 일컬어질 만큼 권위가 있는 사람이었다.

그 내용은 이러하였다.

1679년 3월 17일, '에귀유 크뢰즈의 비밀'이라는 제목의 책이 출판되었다. 그 책에는 다음과 같은 부제가 붙어 있었다.

'나라의 큰 비밀을 비로소 밝힌다. 이 큰 비밀에 대한 왕가의 그릇된 생각을 바로잡기 위해서 이 책을 100권 한정판으로 출판한다.'

3월 17일 아침 9시쯤, 이름은 알 수 없으나, 이 책을 쓴 젊고 훌륭한 옷차림을 한 사나이가 왕실의 높은 지위에 있는 관리들의 저택을 차례차례 돌면서, 이 책을 한 권씩 나누어 주기 시작하였다.

10시가 되었으나 책은 겨우 네 권밖에 돌리지 못하였다. 그런데 그때 근위 사단의 한 대위가 이 사나이를 체포하여 국왕인 루이 14세에게 데리고 갔다. 국왕은 책 100권 가운데에 한 권만 갖고 나머지는 모두 불 속에 던져 버렸다.

이 책의 저자는 국왕의 명령으로, 철로 만든 가면을 쓰고 바르그리트 성의 감옥에 갇히고 말았다.

이 죄수가 그 유명한 철가면의 죄수이다. 그러나 그가 과연 어떤 사람이며 누구인지는 아직도 모른다. 그 정체는 영원히 알려지지 않을 것이다.

그런데 99권의 비밀 책을 불태워 버렸을 때, 국왕이 한눈을 판 사이에 곁에 있던 근위 대위가 한 권을 재빨리 불 속에서 꺼내 옷 속에 감추었다.

그런데 이상하게도 이 대위는 그로부터 반 년이 지난 뒤, 가이옹이라는 작은 도시 근처에서 누군가에 의하여 피살되었다.

죽은 대위의 호주머니에는 귀중한 다이아몬드 한 개가 들어 있었으나, 죽인 사람도 그것을 모르고 있었다.

대위의 소지품에는 이밖에 팸플릿이 하나 있었는데, 그 속에 비밀 책 첫 장의 줄거리가 대강 씌어 있었다.

그것은 프랑스 국왕들이 가지고 있던 막대한 보물을 숨겨 둔 장소를 적은 것으로, 그 암호문은 엄중하게 봉하여져서 대대로 다음 국왕에게 넘겨졌던 것이다. 이것이 책에 적혀 있는 프랑스 국가의 큰 비밀이었다.

그런데 그로부터 114년이 지나 프랑스 혁명이 일어났을 때, 국왕이었던 루이 16세는 탕부르 탑 속에 갇혔다.

국왕은 탑을 지키고 있는 사관들 가운데서 국왕을 동정하고 있는 자가 한 사람 있다는 것을 깨닫고, 하루는 그를 살짝 불렀다.

"나는 그대를 믿고 부탁하고 싶은 일이 있다. 이건 매우 중요한 나라의 비밀 서류이다."

국왕은 이렇게 말하면서 주머니에서 조그마한 책 한 권을 꺼내 맨 끝 장만 찢어내었다.

그러더니 생각을 다시 하고 나서, 이렇게 중얼거렸다.

"아니, 베껴 쓰는 편이 낫겠다."

큰 종이를 꺼내 네모지게 여러 번 접은 다음 한 장을 잘라내고 그 위에 점과 선과 숫자로 된 다섯 줄의 문서를 베꼈다. 그러고는 그것을 넷으로 접어서 빨간 봉투에 넣어 봉하고는 사관에게 내주었다.

"만약 내가 사형을 당하거든 이것을 왕비에게 주어라. 그 때 왕비가 만일 이것이 무엇이냐고 묻거든 '에귀유 크뢰즈의 비밀'에 관한 것이라고만 대답하여라."

국왕은 이렇게 말하고는 책을 타오르는 난로 불 속에 던져 버렸다.

며칠 후, 루이 16세는 드디어 사형장으로 끌려가 교수형을 당하였다.

그로부터 다섯 달이 지난 어느 날, 그 사관은 왕비인 마리 앙투아네트를 겨우 만날 수 있었다. 왕비도 감옥에 갇혀 있는 몸이었기 때문에 만난다는 것이 쉽지가 않았다.

"왕비 마마, 돌아가신 국왕 폐하께서 주신 것이옵니다."

사관은 이렇게 말하고는 봉투를 건네 주었다. 왕비는 봉투를 뜯고 그 안을 훑어보더니, 그 내용을 알고 있다는 듯이 중얼거렸다.

"벌써 늦었어요."

그리고 그것을 어디다 감출 것인가 하고 망설이는 것 같았다. 왕비는 그것을 자기가 가지고 있던 성경책 가죽 표지와 그 덮개의 양피지 틈에 넣었다.

"너무 늦었어요."

왕비는 원망스럽다는 듯이 말하였다.

"죄송합니다. 왕비 마마를 만날 수가 없어서……."

그로부터 얼마 안 되어서 왕비 역시 교수대로 보내졌다. 만일 그 종이 쪽지가 조금 더 빨리 왕비의 손에 들어갔더라면 혹시 왕비의 목숨은 건졌을지도 모른다.

이 사관은 이때부터 국왕이 말한 '에귀유 크뢰즈의 비밀'이라는 말에 흥미를 가지고, 옛날의 서류들을 다시 조사하기 시작하였다. 그러다

100여 년 전에 죽음을 당한 대위의 팸플릿을 발견하였다.

사관은 팸플릿을 샅샅이 읽고 국왕이 말한 '에귀유 크뢰즈의 비밀'이 '프랑스 국가의 큰 비밀'이라는 것을 알게 되었다.

그 뒤 사관은 옛날의 모든 기록을 찾아내어 읽어 보는 데 정성을 다하였다. 그리고 그 보물이 감추어진 곳이 바늘(에귀유)과 관계가 있는 곳임을 알게 된 것이다.

그러자 여기서 또 문제가 되는 것이 나타났다. 그것은 크뢰즈 강 근처에 세워진 에귀유 성이었다.

그러나 이 성은 1680년에 루이 14세의 명령으로 세워진 것이다. 1680년이라고 하면, 그 비밀의 책이 인쇄된 다음 해인 것이다. 비밀의 책은 1679년에 만들어졌다.

이것은 무엇을 뜻하는 것일까?

더 말할 것도 없이 꾸며 낸 위장술임에 틀림없었다. 루이 14세는 에귀유의 비밀이 소문으로 퍼져 나가거나, 에귀유의 비밀이 새어 나갔을 때의 일을 미리 생각하고 또 다른 에귀유 성을 세운 것이다.

보물이 숨겨진 비밀의 장소를 찾으려는 사람들의 눈을 혼동시키기 위하여, 일부러 바늘과 같은 성의 모양을 만들어 크뢰즈 강가에 세워 놓은 것이다. 이리하여 사람들의 눈을 에귀유 성으로 쏠리게 하려고 하였던 것이다.

루이 14세의 이 같은 생각은 멋지게 성공하였다. 후세의 사람들은 나라의 큰 비밀 '에귀유 크뢰즈(속이 빈 바늘)'는 이 성을 가리킨 것이라고 믿게 되었다.

그러나 실제로 보물이 숨겨져 있는 곳은 이 성이 아니라, 다른 곳에 있다는 것이 틀림없었다. 그것을 깨닫지 못하게 한 루이 14세의 함정에 모두 걸려들고 만 것이었다.

사관은 이 함정을 알아내었고, 이러한 사실을 1815년에 드디어 한 권의 책으로 펴내었다. 그것은 루이 16세가 사형되고 22년이 지난 뒤의 일이었다.

나는 최근 우연한 기회에, 이 사관이 쓴 책을 읽어 보게 되었다. 그리고 많은 것을 깨달았다. 그리고 앞으로 일어날지도 모르는 사건에 대하여 생각해 보았다.

이지돌도 루이 14세의 함정에 빠진 것이 아닐까? 이지돌은 암호문 속에 '속이 빈 바늘'이라고 하는 말을 풀어서 마침내 에귀유 성을 찾을 수 있었다.

뤼팽은 루이 14세와 마찬가지로 함정을 만들어 놓았던 것이 아닐까? 뤼팽은 그 성을 이지돌이 반드시 찾아낼 거라고 생각하고, 앙프레지 남작이라는 가명을 가지고 그 성을 빌려, 이지돌의 아버지와 레이몽드를 가두어 두었던 것이 틀림없다. 그렇다면 뤼팽은 보다 중대한 비밀을 이지돌에게 알려서는 안 된다는 생각으로 일부러 그 성으로 주의를 쏠리게 하였던 것이 분명하지 않은가!

그 동안에 뤼팽은 진짜 에귀유 크뢰즈를 알아내고, 프랑스 왕가의 비밀을 찾고, 귀중한 보물을 모두 손에 넣으려 하고 있는 것이 분명하다.

뤼팽의 이 놀라운 지혜와 작전은 그 수수께끼의 암호문의 참뜻을 알아내고 실천한 것임에 틀림이 없다.

마시방 박사의 논문은 이렇게 끝이 났다. 그렇다면 이지돌은 뤼팽에게 또 한 번 속아넘어간 것일까?

이 논문을 끝까지 다 읽고 난 이지돌은 두 손으로 얼굴을 가리고, 책상 위에 엎드리고 말았다.

"역시 내가 당했구나! 뤼팽에게……."

이지돌은 자기의 실패를 깨달으면서 창피스러워 견딜 수가 없었다.

"아직도 뤼팽은 찾고 있을 것이다. 그 비밀의 장소를……."

"이번에는 내가 뤼팽을 구렁텅이로 몰아넣어야지!"

이지돌은 온몸을 부르르 떨었다.

한 권의 책을 찾아서

많은 사람들이 마시방 박사의 논문 내용을 읽고 난 뒤, 이지돌의 주위로 모여들었다. 이지돌이 이 일에 대하여 무엇이라고 대답할 것인가 하고 모두들 가만히 지켜보고 있었다. 그러나 이지돌은 꼼짝도 안 하고 가만히 있었다.

그러자 이지돌을 가장 믿고 있는 바르메라가 다정하게 이지돌의 손을 잡고 위로해 주었다.

"일에는 용기가 있어야 해. 지금까지 쏟아 온 정성과 끈기를 다시 한번 보여주는 거야!"

이지돌의 눈에는 눈물이 고여 반짝이고 있었다.

사람들은 조용히 이지돌의 주변에서 물러섰다. 그를 축하해 주려던 사람들이었지만, 마시방 박사의 논문이 신문에 실린 뒤, 이지돌이 졌다는 것을 의심할 사람은 아무도 없었다.

이지돌은 그날 밤, 학교 기숙사로 들어가지 않았다.

'뤼팽에게 이길 때까지는 결코 들어가지 않을 것이다! 꼭 이기고야 말 테다.'

이지돌은 마음속으로 다시 한번 굳게 맹세를 하였다.

학교 친구들은 그런 이지돌의 마음을 읽었는지 자동차에 이지돌을 태운 뒤 그의 용기를 북돋워 주었다.

그리고 한 친구의 집으로 이지돌을 데려갔다. 이지돌은 안내된 방으로 들어가자 긴 밤을 꼬박 새우며 다시 처음부터 생각을 정리하였다.

'생각하는 거다. 생각해서 수수께끼를 다시 푸는 거다! 내 머리의 능력을 다시 점검하는 거다!'

아침 6시가 될 때까지 이지돌은 이런 생각을 하였다.

이지돌은 긴 밤을 책상머리에 앉아 두 손으로 턱을 괸 채 지금까지 살펴본 문제의 지역과 암호문, 그리고 뤼팽의 흔적을 다시 더듬어 갔다.

어느덧 날이 밝았고 마치 아침 안개가 사라져 가듯이 머릿속이 차차 맑아졌다.

'그렇다! 문제는 그 암호문을 바르게 푸는 것이다. 둘째 줄의 말, '아가씨들'이라는 말의 뜻은 과연 무엇일까? 이 속에는 분명히 어떤 뜻이 숨어 있을 것이다. 아가씨들? 그러나 이 암호문은 수백 년 이전에 벌써 씌어진 것이 아닌가? 레이몽드나 쉬잔 아가씨의 일이 아닌 것만은 분명하다! 그렇다면……'

우선 처음부터 다시 생각해 보았다. 문제의 시작은 루이 14세 때에 만들어진 책이다. 100권을 만들었으나 남은 것은 겨우 2권밖에 안 되고, 그나마도 한 권은 근위 대위가 훔쳐갔다.

다른 한 권은 루이 14세에서 루이 16세까지 비밀로 전하여지다가 루이 16세에 의해 난로 속에 던져져 타고 말았다.

그러나 책은 불에 타 없어졌지만 가장 중요한 한 페이지만은 다른 종이에 베껴진 채 왕비인 마리 앙투아네트에게 주어졌고, 왕비는 그 종이 쪽지를 성경책 표지 속에 감추었다.

'그렇다면 그 종이 쪽지가 숨겨진 성경책은 어디로 갔을까? 진짜 암호문은 루이 16세가 가진 채 사형장의 이슬로 사라졌지만, 베껴 쓴 종이 쪽지는 왕비에게 주었지 않았는가? 그 성경책을 찾는 것이 문제

로구나!'

이지돌은 갑자기 정신이 번쩍 들었다.

'옳지! 그 베껴 쓴 종이 쪽지는 내 손에 들어왔다가, 뤼팽의 부하이며 검사의 서기로 변장한 브레드가 나를 쓰러뜨리고 빼앗아 간 그 낡은 종이 쪽지가 아닐까? 그것이 정말 비밀의 암호문이 맞을까? 아니야, 그것은 가짜일 것이다. 진짜 사본은 아직도 성경책 표지 밑에 숨겨져 있을 것이다. 그렇다면 문제의 성경책을 찾아야 한다.'

이지돌은 이렇게 생각하면서 옛날 책 연구가로 유명한 친구의 아버지를 생각해 내었다. 그는 급히 친구의 집으로 달려갔다.

"마리 앙투아네트 왕비가 쓰던 성경 말인가? 그 책은 지금 가르나발레 박물관에 있다네. 왕비가 사형되기 전 어느 날, 왕비가 여자 시종에게 기념으로 남기도록 하라며 주었다고 했어. 그 시종은 왕비의 뜻에 따라 그것을 페르상 백작에게 맡기고, 그것이 내 손에 들어왔던 거야. 잘 보관했었는데, 아무래도 귀중품이라 박물관에 보관하는 게 좋을 것 같아 기증했다네. 지금이라도 가 보면 볼 수 있을 것이네."

친구의 아버지는 그 책에 대하여 자세한 설명을 해 주었다.

"고맙습니다. 아저씨!"

이지돌은 정중하게 인사하고, 서둘러 친구와 함께 가르나발레 박물관으로 달려갔다.

이지돌은 박물관 관장을 만나, 찾아온 사실을 설명하고 성경 책을 보여달라고 하였다.

"오, 이지돌! 정말 기특하구나."

관장은 이렇게 말하면서 유리 상자 속에 진열된 낡은 성경 책을 꺼내왔다.

"이지돌, 이 책이네. 어디 살펴보게."

이지돌은 관장이 주는 성경 책을 떨리는 손으로 받아 표지를 들추었다. 그리고 가죽 표지를 조심스럽게 조금 벗겼다. 그리고 손가락 하나를 넣었다. 그러나 아무것도 잡히는 것이 없었다.

이지돌은 가죽 표지를 조금 더 벗기고 다시 손가락을 넣었다. 그러자 무엇인가가 손가락 끝에 닿았다.

"있어요, 관장님!"

"그래?"

관장은 눈을 크게 떴다.

이지돌은 종이 쪽지를 꺼내었다. 두 쪽으로 접어 넣은 쪽지를 펴 보았더니 빨간색 잉크로 씌어 있었다.

"꼭 피 같은데, 마치 유서 같아요."

이지돌이 관장에게 보여주며 이야기하였다.

나의 왕자에게 전하기 위하여 이것을 페르상 백작에게 맡긴다.

1793년 7월 16일
마리 앙투아네트

그 밑에는 까만 글씨로 이렇게 씌어 있었다.

"아니, 이건 또 무엇이냐?"

이지돌은 눈을 크게 뜨고 글씨를 읽었다. 마리 앙투아네트가 사인을 한 바로 밑에 아르센 뤼팽의 사인이 분명하게 씌어 있었던 것이다.

종이 쪽지는 찾지 마라.

아르센 뤼팽

"아! 뤼팽이 어느 새 암호문을 훔쳐가 버렸구나!"

이지돌이 신음하듯 중얼거렸다.

"뤼팽이 가져갔다. 그래, 내가 브레드에게 빼앗긴 것이 바로 그거야! 뤼팽은 그것을 건네받고 암호를 풀어서 진짜 에귀유 크뢰즈의 비밀을 알아내고 보물을 찾으려고 뛰어다니고 있다. 그 암호문만으로는 그 수수께끼를 풀 수가 없어. 그 방법은 대위가 베껴 쓴 팸플릿에 적혀 있을 거야. 나는 그것을 꼭 찾아내야 한다."

"그렇다면 네가 브레드에게 빼앗긴 그 종이 쪽지가 진짜였나 보구나!"

이지돌의 친구가 물었다.

"그렇지, 제브르 백작의 집에서 뤼팽이 도망치다가 떨어뜨린 것을 내가 주웠지. 그러나 뤼팽은 서기인 브레드를 시켜서 그것을 다시 빼앗아 간 거야. 그 종이 쪽지는 특별히 만든 것으로, 빨간 밀랍으로 봉한 자리가 있었어. 이 성경 책 표지 밑에 있었던 것이 틀림없어. 뤼팽이 그 종이 쪽지를 내 손에서 빼앗아 간 이유를 이제야 알겠어. 내가 봉한 자리에 대한 비밀을 알아내게 될 것 같으니까 미리 겁내고 빼앗아 간 것 같아. 이제야 마시방 박사의 긴 논문이 사실이라는 것을 알겠어. 에귀유 크뢰즈의 수수께끼는 사실이었어."

이지돌은 잠시 입을 다물고 있다가 다시 말을 이었다.

"다만 한 가지, 왕비는 이 성경 책을 사형당하기 바로 전에 페르상 백작에게 보냈지만, 백작은 왕비의 본마음을 몰랐던 거야. 여기에 이처럼 귀중한 종이 쪽지가 숨겨져 있다는 사실을 미처 깨닫지 못했던 거지. 조사해 볼 생각도 해보지 않았던 거야. 자세히 보았으면 발견했을 텐데, 그대로 백작의 집에 보관되었던 것이 분명해. 뤼팽은 옛날 일을 조사하여 이 성경 책이 남아 있다는 것을 알아냈고, 재빨리 이쪽으로 숨어 들어와 암호문을 빼낸 뒤, 그 흔적을 남겨 놓은 거야!"

"참, 뤼팽은 그것을 어떻게 알아냈을까? 지금 그 진짜 종이 쪽지가 있다고 해도 별수 없지 않을까? 자세한 것을 기록한 책이 모두 없어졌으니 말이야."

"그래, 그래도 한 권의 책은 어딘가에 남아 있을 거야. 처음에 루이 14세가 태웠을 때, 대위가 불 속에서 꺼내 감추어 둔 한 권 말이야. 그 한 권이 틀림없이 어딘가에 있을 거야."

"그건 기대할 수도 없지 않겠니?"

"그러나 찾아봐야지."

"그 책에는 과연 그 보물을 감추어 둔 장소가 알기 쉽게 기록되어 있을까?"

"그럴 것이라고 생각해."

"왜 그런 생각을 하는 거야?"

"앞에서 말한 근위 대위가 누군가에 의해 죽음을 당했을 때, 멋진 다이아몬드를 가지고 있었다는 기록을 남겼거든. 그 대위는 책을 읽고 보물이 숨겨진 장소를 알고, 그 말을 다이아몬드라고 비유한 거야. 그리고 그 대위는 그 비밀의 장소를 어딘가에 기록해 두었을 것이 틀림없어. 루이 16세의 부탁을 받고 왕비에게 암호문을 전해 준 사관이, 자기 집에 보관했던 옛날 서류 속에서 비밀 장소에 대한 기록을 찾아낸 것이야. 그리고 그 기록을 남긴 이는 바로 공교롭게도 자기의 선조였었지. 그러니까 그 자손 누군가에게 대대로 전해지고 있는 게 틀림없어."

"그렇구나! 네 이야기를 들어보니까 그럴 것이라는 추측이 가능해지는구나. 그렇지만 그 책을 어떻게 찾지?"

"어쨌든 찾아야 해. 그 일이 가장 급해. 어쩌면 시골의 작은 도서관 같은 데에 먼지투성이가 되어 썩고 있을지도 몰라. 그래서 각 방면에 다 호소하여 우리가 이런 책을 찾고 있다는 것을 널리 알려야 할 것 같아."

"그건 너무 허황된 이야기가 아닐까?"

"그래, 그러나 탐정이라는 게 본래가 그런 것이야. 허황된 것을 파고 들면 확실한 사실에 부딪혀 알게 된다고."

이지돌은 신문에 큰 기사를 내었다. 그리고 한편으로는 근위 대위가 죽음을 당하였던 당시의 사정을 열심히 알아보았다.

이렇게 2, 3개월이 지났을 때 이지돌은 우연히 친구를 만났다.

"이지돌, 어떻게 잘 되어 가니?"

"어려워. 대위가 죽음을 당했던 지방의 관리 사무소와 마을 노인들을 찾아다니며, 200여 년이나 지나간 옛날 일을 알아본다는 것은 너무 어려운 일이야. 더구나 기록도 찾기가 힘들고……."

"그랬구나. 아무런 단서도 못 찾았니?"

"겨우 그 대위의 이름만 알아냈어. 루이 14세 때 근위 대위는 하르베리라는 사실을 알아냈어."

"그래? 그러면 그 후손을 찾아야 하지 않니?"

"그걸 찾을 수 없어. 그래서 하르베리라는 사람의 자손에 대해 알고 있는 분은 연락해 달라고 광고를 내놓고 기다리고 있는 중이야."

그런 일이 있은 뒤 3, 4일이 지나서 "하르베리의 자손에 대해서 이야기하고 싶다."라는 한 통의 편지가 날아왔다.

그 편지는 다름 아닌 마시방 박사로부터 온 것이었다.

이지돌은 다시 한 번 깜짝 놀랐다.

'마시방 박사? 그럼 박사가 이 사건과 어떤 관련이 있다는 것인가?'

이지돌은 점점 더 미로 속으로 빠져 들어가는 것 같았다.

누가 찢어 갔을까?

이지돌은 마시방 박사가 보낸 편지를 뜯어서 읽어 보았다. 박사의 편지 내용은 대체로 이러하였다.

> 위대한 문호 볼테르가 썼던 《루이 14세 시대》라는 책 속에 하르베리 대위의 처형 사건이 씌어 있네.
> 하르베리에게는 아들과 딸이 있었는데, 그 아들이 하르베리 집안의 대를 이어 갔고, 딸은 베린 후작의 부인이 되었지. 하르베리가 남긴 서류는 아들과 딸 두 사람 가운데 한쪽에 전달되어 아직도 누군가가 간직하고 있으리라고 믿고 있네. 그런데 렌 시 근처에 베린 남작이라는 분이 살고 있는데, 이 분이 베린 후작의 자손인 것 같네.
> 어쨌든 한 번 만나서 자세한 이야기를 하기로 하세.
>
> 마시방

'옳지, 일이 잘 되어 가려나 보다.'
이지돌은 이렇게 생각하고 그 날 저녁 바로 파리에 있는 마시방 박사의 집으로 가기 위하여 야간 열차를 탔다.
다음 날 아침 6시에 파리 역에 내린 이지돌은 곧바로 마시방 박사 집으로 달려갔다. 그러나 마시방 박사는 외출을 하고 없었다.
다만, 이지돌이 언제 올지 모른다며 편지를 써 놓았다.

이지돌!

베린 남작으로부터 기다리던 전보를 받고 급히 떠나네. 남작의
집은 렌 시 옆 베린 읍에 있으니 그 역에서 기다리고 있겠네.

마시방

이지돌은 다시 급행 열차를 타고 렌 시 옆 베린 읍을 향해 출발하였
다. 역에서 내린 이지돌은 울창한 숲 속을 지나 4킬로미터쯤 걸어갔다.
그러자 언덕 위에 남작의 훌륭한 집이 나타났다.

남작의 집에 도착한 이지돌은 초인종을 눌렀다. 그러자 곧 하인이 달
려와 누구냐고 물었다.

"이지돌이라고 합니다. 베린 남작을 뵙고자 합니다."

"남작께서는 아직 주무시고 계시는데요. 잠시 기다려 주시겠어요?"

"예, 그런데 마시방 박사께서는 오시지 않으셨습니까?"

"그 분도 10분 전에 오셔서 지금 응접실에 계시는데요."

"마시방 박사님께 이지돌이 도착하였다고 전해 주십시오."

하인은 방으로 들어갔다가 다시 나오더니, 대문을 열어 주면서 들어
오라고 하였다. 남작 집의 응접실로 안내된 이지돌은 그 곳에서 저명한
마시방 박사를 처음 만났다.

"처음 뵙겠습니다, 마시방 박사님!"

"오, 그대가 이지돌 군인가요?"

"예, 이번에 여러 가지로 도와주셔서 정말 감사합니다. 마시방 박사
님이 보내주신 편지를 받고 급행 열차로 달려왔습니다."

"자, 이리 앉아요. 이지돌!"

마시방 박사는 악수를 청하며 이지돌을 옆 자리로 권하였다.

하얀 수염을 길게 기른 마시방 박사는 어느 모로 보나 저명한 학자라는 것을 한눈에 알아볼 수 있는 기품을 지니고 있었다. 백발에다 멋있는 학자다운 면모를 보여주는 노신사임에 틀림이 없어 보였다.

"이 집의 주인인 베린 남작은 어떤 분입니까?"

"오, 궁금하겠지요. 곧 알게 될 텐데……."

마시방 박사는 대답 대신 환한 미소를 지었다.

"궁금합니다, 박사님."

"환갑 정도 되신 노인이라네. 부인은 먼저 세상을 떠났고, 따님인 빌몽 부인도 최근 남편과 장남을 교통 사고로 잃고, 어린 아들과 이 저택에서 아버지 베린 남작과 함께 지내고 있다네. 가엾은 사람들이야!"

"정말 안되었군요."

그 때 하인이 두 방문객을 2층 서재로 안내하였다.

아무런 장식도 없는 넓은 방에는 큰 책상과 탁자 위에 오래된 책들이 차곡차곡 쌓여 있을 뿐이었다. 방문객도 거의 없어 딸과 손자 조르주와 함께 쓸쓸하게 살고 있는 베린 남작은, 뜻밖의 두 손님을 보고 매우 반가운 표정을 지었다.

"반갑습니다, 마시방 박사님. 그리고 이 소년은 누구신지……?"

"예, 이지돌이라고 합니다. 소년 탐정……."

"오, 알아요. 신문에서 읽었어요."

이렇게 하여 세 사람은 인사를 나누고 자리에 앉았다.

"참, 마시방 박사님. 에귀유에 관한 오래된 팸플릿에 대한 당신의 편지를 읽고, 즉시 딸에게 찾아보라고 하였지요. 서고에 수천 권이나 되는 옛날 문서와 기록들이 가득 쌓여 있어 애를 먹었답니다. 다행히도 어젯밤에 그것을 겨우 찾아냈습니다."

이지돌은 순간 자기도 모르게 벌떡 일어났다.

"찾으셨습니까? 어디에 있습니까?"

"바로 이것이오!"

베린 남작은 테이블 위에 있는 팸플릿을 가리켰다.

"앗! 바로 이것이군요."

이지돌은 저도 모르게 소리쳤다.

"과연 그런 것 같군요. 세목이 무엇이라고 씌어 있나요?"

마시방 박사의 목소리도 떨렸다.

"에귀유 크뢰즈의 비밀입니다. 틀림없어요, 박사님!"

"그렇군. 하르베리 대위가 베껴 쓴 그 팸플릿이 맞네!"

이지돌도 마시방 박사도 모두 흥분하였다.

"이지돌, 맨 앞 페이지에 무엇이라고 씌어 있나? 어서 읽어 보게."

"박사님, 읽겠습니다. 나라의 큰 비밀을 비로소 밝힌다. 이 큰 비밀에 대한 왕가의 그릇된 생각을 바로잡기 위하여 이 책을 100권 한정판으로 출판한다……."

"바로 그거야! 바로 대위가 불 속에서 꺼낸 책이 맞네!"

마시방 박사의 목소리는 흥분되어 몹시 떨렸다.

이지돌은 마시방 박사와 얼굴을 마주 대고 읽어 내려갔다.

"더 앞쪽을 읽어 보지요."

이지돌은 암호문에 관하여 쓴 곳을 찾아보려고 책장을 빨리 앞쪽으로 넘겼다.

"여깁니다, 박사님!"

"옳거니, 그것이로군!"

거기에는 문제의 암호문이 적혀 있었다. 종이 쪽지에 적혀 있던 암호문과 똑같았다.

그리고 앞에는 이렇게 씌어 있었다.

'이 프랑스 왕가의 비밀은 다음과 같은 기호에 의하여 표시된다.'

다섯 줄의 이상한 기호 다음에 그 설명이 붙어 있었다.

이지돌은 띄엄띄엄 소리를 내며 읽어 내려갔다.

"이 기호를 푸는 데는 먼저 숫자를 모음으로 바꾸어라. 그러나 그것만으로 에귀유 크뢰즈의 비밀을 밝힐 수 없다. 그에 앞서 수수께끼를 알고 있어야 한다. 이것은 수수께끼를 알고 있는 사람에게 주어진 길잡이에 지나지 않는다. 네 번째 줄을 자세히 보아라. 네 번째 줄은 보물이 숨겨진 장소를 찾아내는 방법이다. 이 방법에 따르면 반드시 그 목적지를 찾아낼 수 있다. 그러나 어디로 가야 하는지 그것을 모르면 모든 일은 허사다. 우선 어디로 가느냐가 중요하다. 에귀유 크뢰즈의 참뜻을 알지 못하면 소용이 없다. 그것은 셋째 줄에 의해서 알 수가 있다. 첫째 줄은 이와 같이 국왕에 대하여……."

이지돌은 여기까지 읽다가 고개를 갸웃거렸다.

"왜 그런가? 이지돌……."

마시방 박사가 물어보았다.

"문장의 연결이 이상합니다. 바로 이 말이 그렇습니다."

"어디가? 음! 앞 문장과 연결이 좀 이상하군요."

마시방 박사도 몇 번이나 읽어보며 고개를 갸웃거렸다. 이지돌도 다시 반복하여 읽어보다가 큰 소리로 외쳤다.

"알았습니다."

"무엇인데요?"

"두 페이지가 찢어졌어요. 누가 찢어간 것입니다."

이지돌은 분노와 실망으로 몸을 부르르 떨었다.

"그렇군요! 찢어낸 자리가 있군요. 그것도 아주 최근의 일인데. 찢긴 자리가 얼마 안 되었어요."

마시방 박사는 찢겨진 자리를 유심히 살펴보면서 이야기를 하였다.

"누가 이런 짓을 했을까요? 이 집에도 뤼팽의 부하가 있는 것이 아닐까요? 혹시 하인 가운데 누가……. 남작님 마음에 걸리시는 일은 없습니까?"

이지돌이 질문을 하자 베린 남작은 딸에게 물어보자고 하였다. 베린 남작이 하인을 불러 딸을 데려오라고 일렀다.

조금 후에 남작의 딸 빌몽 부인이 들어왔다.

"부인, 부인께서 이것을 어젯밤 서고에서 찾으셨지요?"

"예! 끈으로 묶은 책 꾸러미 속에서 찾아냈어요."

"그럼, 이걸 읽어 보셨나요?"

"예, 쭉 훑어보았지요."

"그 때 여기 두 페이지가 빠져 있었습니까? 숫자와 점으로 된 기호 말입니다."

"아니오, 그런 일은 없었는데……."

"그렇다면 누군가가 오늘 새벽에 찢어간 것이군요."

"하지만, 어젯밤부터는 제 방에 있었고, 오늘 아침 일찍 이 곳으로 옮겼을 뿐이에요."

"그럼, 혹시 조르주가 찢은 건 아닐까요?"

"참, 그 아이가 아침에 가지고 있는 것을 보았는데……."

빌몽 부인은 조르주를 찾아 장원으로 뛰어나갔다.

마시방 박사, 이지돌, 베린 남작도 뒤를 따라 나갔다.

조르주는 뒤뜰에서 놀다가 빌몽 부인으로부터 책을 찢었느냐는 말을 듣는 순간 야단맞는 것이라고 생각하였는지 울음을 터뜨렸다. 여러 하인에게 물어보았으나 모두 모른다고 할 뿐이었다. 이지돌은 초조해지기 시작하였다.

할 수 없이 그들은 다시 2층 서재로 올라왔다.

'어떻게 해서든 찢겨 나간 부분을 알아내어야 하는데, 그 방법을 알 수 없을까?'

이지돌은 이렇게 생각하다가 문득 생각이 떠올랐다.

"그렇다, 빌몽 부인이 어제 그 부분을 읽었다고 하셨지요? 무슨 말이 씌어 있었는지 기억이 나십니까?"

"아, 이런 글은 읽은 것 같아요. 내용이 흥미가 있어서 읽었는데, 찢겨진 부분에는 더욱 재미있는 글이 있었어요. 에귀유 크뢰즈의 비밀이라고 하는 것은……."

빌몽 부인이 그렇게 말한 순간 하인이 들어왔다.

"마님, 편지가 왔어요."

"편지? 지금은 편지가 배달될 시간이 아닌데, 이상하네."

빌몽 부인은 이렇게 말하면서 하인이 주는 봉투를 뜯고 편지를 보는 순간 새파랗게 질리며 온몸을 부들부들 떨었다. 그러고는 편지를 바닥에 떨어뜨렸다. 이지돌이 그 편지를 집어들고는 급히 읽었다. 무서운 협박장이었다.

더 이상 한마디도 하지 마라.
말하면 당신의 아들인 조르주의 목숨이 위험할 것이다.

마시방 박사로 변장한 뤼팽

"조르주 조르주……."

빌몽 부인은 거의 정신을 잃고 사랑하는 아들의 이름을 불러대었다.

그 때 하녀가 하얗게 질려서 들어오더니 다급한 소리로 말하였다.

"마님, 도련님이……."

"뭐, 조르주가?"

빌몽 부인은 거의 미친 듯이 서재에서 뛰쳐나와 조르주의 방으로 뛰어들어갔다. 이지돌과 마시방 박사도 그의 뒤를 따르고, 베린 남작과 세 명의 하인도 뒤를 따랐다.

방에는 어린 조르주가 긴 의자에 쓰러져 있었다.

빌몽 부인은 조르주를 가슴에 끌어안으며 울부짖었다.

"조르주, 조르주……."

빌몽 부인이 미친 듯이 흔들며 아들의 이름을 불렀으나, 조르주는 눈을 뜨지 않았다.

그것을 가만히 보고 있던 이지돌은 갑자기 마시방 박사를 향하여 소리쳤다.

"붙잡아라! 저 놈이 괴도 뤼팽이다. 마시방 박사로 변장을 한 거야!"

이지돌은 재빨리 권총을 꺼내, 마시방 박사를 겨누어 방아쇠를 당겼다.

그러나 이지돌의 행동에 긴장하며 신경을 써 오던 마시방 박사는 날렵하게 몸을 피하여 총을 맞지 않았다.

이지돌과 마시방 박사는 서로 붙잡으려고 야단을 치다가 모두 쓰러졌다. 마시방 박사가 드디어 이지돌을 타고 앉아 팔을 꺾었다.

노인이라고 하기에는 상상도 할 수 없을 만큼 기운이 대단하였다. 그러나 하인들은 누구 하나 마시방 박사를 붙잡으려 하지 않았다.

이지돌을 단단히 타 누르고 앉은 마시방은 이지돌의 권총을 빼앗아 이지돌의 가슴을 겨누며 소리쳤다.

"꼼짝 마! 움직이면 쏜다. 이지돌, 또 한 번 감탄했다. 뤼팽을 잘도 알아보았군. 하지만 때는 늦었다."

마시방 박사로 변장한 뤼팽은 권총을 이지돌에게 겨냥한 채 유유히 일어나, 겁에 질려 있는 빌몽 부인과 베린 백작을 바라보며 여유있게 말하였다.

"부인, 용서하시오. 아들은 아무 걱정 없습니다. 걱정을 끼쳐 드려 죄송합니다. 잠깐 마취제를 놓았으니까, 한 시간 뒤에는 깨어날 것입니다. 찢겨진 페이지의 내용을 이야기한다면 사정은 또 나빠질 것입니다. 만약 말씀하신다면, 그 때는 아들의 목숨을 책임질 수 없습니다."

뤼팽은 서 있는 하인 중의 한 사람을 가리키며 큰 소리로 말하였다.

"아, 아까 내가 준 100프랑을 이리 내놔. 이 부인에게 편지를 전해 달라고 부탁하며 맡긴 돈 말이야."

하인은 떨리는 손으로 100프랑을 내놓았다.

"돈 때문에 주인을 배반하다니 불쌍한 녀석. 더러운 놈 같으니……."

뤼팽은 이렇게 말하고는 돈을 찢어 그 하인의 머리에 뿌렸다. 그리고 담배를 꺼내 물면서 이지돌을 향하여 비웃듯이 소리쳤다.

"안녕, 꼬마야! 또 만나자."

그러더니 하인들의 얼굴에 푸 하고 담배 연기를 내뿜었다. 그리고는 히죽히죽 웃으며 나갔다.

이지돌은 그 뒤를 쫓으려다 말고 다시 빌몽 부인에게 되돌아왔다. 그리고 아까 이야기하다 만 찢어진 두 페이지의 내용을 물어보려 하였다.

그러나 빌몽 부인은 뤼팽의 협박을 두려워한 나머지 이지돌을 빤히 바라볼 뿐, 조용히 고개를 가로저었다.

뤼팽에게 협박을 받은 빌몽 부인은 무슨 일이 있더라도 입을 열지 않겠다는 자세였다. 에귀유 크뢰즈의 비밀은 마침내 빌몽 부인의 머릿속 깊이 틀어박히고 만 것이었다.

이지돌은 할 수 없이 단념하고 베린 남작의 집에서 물러나왔다. 그때가 10시 30분. 11시 30분에 떠나는 열차가 있었으므로, 천천히 오솔길을 걸어서 역으로 가는 큰 길로 나왔다.

그 때 갑자기 숲 속에서 누군가가 뛰어나오며 그를 불렀다.

"이지돌!"

이지돌은 깜짝 놀라 걸음을 멈추며 소리나는 쪽을 바라보니 변장한 마시방 박사, 즉 뤼팽이었다. 뤼팽은 웃으면서 이렇게 말하였다.

"내 변장을 알아차리다니, 보통이 아닌데! 과연 소년 명탐정이야. 좀 아슬아슬한 줄타기였지만 말이야. 마시방 박사는 어찌 되었느냐고? 박사는 버젓이 여기 있네. 원한다면 보여주지. 그리고 이 권총도 자네 것이니 돌려주지. 주머니에 잘 넣어 두게. 총알도 그대로 들어 있으니까. 그렇지만 아까같이 멋대로 뒤흔들라는 뜻은 아닐세. 아직 어린 나이라 흥분한 것으로 믿겠네."

그러면서 휘파람을 불자 숲 속에서 자동차가 엔진의 시동을 거는 소리가 들렸다.

"이지돌, 어떤가? 이 멋진 자동차로 파리까지 데려다 주겠네. 같이 가지 않으려나?"

이지돌은 어이가 없어서 저도 모르게 웃었다.

"이지돌, 역시 순진하군. 그 점이 좋아. 자네는 앞으로 더 웃을 수밖에 없을 거야."

뤼팽은 신이 난다는 듯이 계속 지껄였다.

"이지돌, 나는 자네가 움직이는 대로 일거수 일투족을 모조리 조사하고 있다. 마시방 박사가 자네에게 편지를 보낸 것도 알았고, 자네가 마시방 박사의 집에 들렀다가 베린 남작의 집으로 향하는 것들 그 모두 알고 있지."

"그런 것까지 알다니. 어디서 그런 것들을 들었나요?"

"자네 학교 친구로부터."

"아니, 그 녀석 입도 가볍네."

"자네에게 진심으로 경고하겠네. 그런 무책임하고 경박한 녀석과는 사귀지 말게. 그리고 이쯤에서 적당히 손을 떼게. 나와 겨루는 것은 단념하는 게 좋아. 자네를 위해서 진심으로 충고하는 것일세."

그 때 자동차가 소리를 내며 다가왔다.

"자, 자동차가 왔네. 약속대로 파리까지 태워다 줄 테니 어서 타게."

이지돌이 머뭇거리고 있자, 뤼팽이 문을 열면서 타라고 재촉하였다. 이지돌은 하는 수 없이 자동차에 타려고 하는 순간 깜짝 놀라지 않을 수 없었다.

뒷좌석에 마시방 박사가 누워 있었기 때문이다. 그러자 뤼팽은 큰 소리로 웃으며 이야기를 하였다.

"누가 누군지 모르겠지? 하지만 잠자는 쪽이 진짜야. 마시방 박사가 베린 남작의 집을 방문하는 것을 알고, 미리 이 곳에 숨어 있다가 마시방 박사를 납치해 마취시켰을 뿐이야."

뤼팽은 운전사에게 마시방 박사를 양지 바른 풀밭에 눕히라고 하였다. 그리고 뤼팽은 이지돌을 강제로 태우듯 자동차 안으로 몰아넣은 뒤 올라탔다.

자동차는 매우 빠른 속도로 달리기 시작하였다. 훌륭한 자동차라 미끄러지듯 달렸다. 뤼팽이 다시 이야기를 시작하였다.

"이지돌! 그렇다고 자네가 여기서 이대로 물러설 사람이 아니라는 것을 나는 잘 알지. 이렇게 말하는 것보다 자네를 꼼짝 못하게 묶어 두면 그만이지만, 어찌된 일인지 자네에게만은 그런 짓을 하고 싶지가 않아. 그게 정말 이상해. 자네가 앞으로 그 에귀유의 비어 있는 구멍에 손을 댈 때까지 몇 년이 걸릴지는 모르지만, 내가 그 곳을 알아내기까지는 딱 열흘이면 되지. 이 뤼팽이 열흘 걸렸으니까, 자네는 한 10년 걸려야 할 거야. 나와 자네 사이에는 그만큼의 능력의 차이가 있어."

이지돌은 기가 막혀 아무 말도 하지 않고 가만히 있었다. 그러자 뤼팽이 다시 말을 계속하였다.

"그럴 테지. 자네는 역시 현명하니까, 내 자동차 안에서는 함부로 이야기하지 않을 거야. 참! 아까 베린 남작의 집에서 자네와 베린 남작이 이야기하고 있는 사이에 내가 두 페이지를 찢어낸 것일세. 그 부분을 자네가 보게 되면 보물이 숨겨진 곳을 찾아낼 것이 분명하니까, 한 장을 찢었지. 그런데 자네는 찢어낸 것까지 알아냈으니 정말 뛰어난 사람이야. 그런데 빌몽 부인이 그것을 읽고 자신만만한 태도를 보이자 나는 놀랐지. 자네가 빌몽 부인의 이야기를 들으면 끝장이라고 생각했어. 그래서 서둘러 응접실로 나와서 하인 한 사람에게 100프랑을 쥐어 주며 내 편으로 만들었어. 그런데 그 때부터 자네는 나를 수상히 여기기 시작한 거야. 과연 소년 명탐정이더군. 그래서 나는 더욱 긴장하며 자네의 행동을 살폈지. 붙잡히지 않으려고 말일세."

"정말 지독한 사람이군요."

이지돌이 찡그리며 말하였다. 그러자 뤼팽은 빙그레 웃으면서 말을 이었다.

"지독하다고? 살기 위해서야. 그런데 나에게는 매우 큰 사명이 있어.

그것은 국왕의 숨겨진 보물을 찾아내어 프랑스 국가를 위해서 큰 도움이 되도록 하는 거야."

"프랑스를 위하여 도움이 되는 일이라고요?"

"그렇지! 욕심 많은 억만 장자나 나쁜 짓을 많이 해서 엄청난 재산을 모은 사람들의 것을 빼앗아, 가난한 백성들이나 불쌍한 사람들을 도와주자는 거야. 그래서 그 엄청난 보물찾기에 뛰어들었고, 위험을 무릅쓰고 수수께끼를 풀려고 노력하고 연구하는 거야. 드디어 실마리를 잡았지. 결코 내 개인의 욕심 때문만이 아니라네."

자동차는 공중을 날아가는 비행기처럼 빠르게 달려갔다. 길가의 가로수들도, 집들도, 모두 빠른 속도로 뒤로 밀려 나갔다.

자동차가 달리는 동안 뤼팽과 이지돌은 잠이 들고 말았다.

이지돌이 눈을 떠보니 뤼팽은 책을 읽고 있었다. 이지돌이 무슨 책을 읽나 하고 슬쩍 보니 라틴 어로 된 철학 책이었다.

'어쩐지 인간미가 있고, 학식이 있다 했더니만……'

이렇게 생각하고 있었는데, 갑자기 자동차 한 대가 그들의 앞을 가로막듯이 섰다.

뤼팽은 아무 말도 하지 않고 자동차에서 내리더니 이지돌에게 내리라고 말하였다.

이지돌이 따라 내리자, 뤼팽은 앞차의 문을 열고 이지돌에게 자동차 안을 보라고 하였다.

"앗! 마시방 박사가……."

"그렇다네. 마시방 박사는 다른 자동차에 모셨지!"

"풀밭에 눕히지 않았나요?"

"다른 자동차로 모시기 위한 방편이었지. 자, 다시 자동차에 타세."

드디어 두 대의 자동차는 파리 시내로 들어왔다.

뤼팽은 자동차를 세우더니 이지돌을 내려놓고,

"안녕, 다시 만나자!"

하고는 어디론가 사라졌다. 이지돌은 도깨비에라도 홀린 것 같았다.

찾아 낸 비밀

파리로 돌아온 이지돌은 친구를 만나는 것도 뒤로 미루고 하루 종일 방 안에서 여러 가지 생각에 잠겨 있었다.

뤼팽이 수수께끼를 푸는 데 사용하였던 것은 단지 암호문과 팸플릿뿐이었다.

이지돌은 식사 때를 제외하고는 밖으로 나가는 일도 삼가고 베린 남작에게서 빌려온 팸플릿을 유심히 살펴보며 하나하나 뜯어보았다.

그러나 열흘이 지나도록 팸플릿에서는 아무것도 찾아낼 수가 없었다.

이지돌은 이제까지의 방법을 바꾸어 다시 처음부터 연구하기 시작하였다.

에귀유, 크뢰즈라는 말과 관계가 있는 땅 이름이나 사건을 역사 속에서 비교하며 발견하기 위하여 역사 책들을 뒤져 가며 공부를 하였다.

그 결과, 영국과 프랑스 해협의 서북부 해안 지방에 있는 노르망디의 르아브르 도시를 생각해 내었다.

국왕 프랑수아 1세의 말을 찾아내었다.

'우리 프랑스 국왕은 대대로 프랑스 도시의 운명에 큰 영향을 끼칠 중요한 비밀을 간직하고 있다.'

아주 중요한 것을 찾아낸 것이었다. 이와 함께 루이 14세 때 이 곳에서 책을 훔쳐낸 하르베리 대위가 처형을 당하였고, 그 밖에도 이 노르망디 지방에서 팸플릿이 나왔다는 사실도 알아내었다.

"무언가 수수께끼가 풀리겠는걸……."

이지돌은 이러한 사실들을 발견한 순간, 지금의 이상한 사건들이 일어난 장소도 모두 노르망디 지방에 속해 있는 마을이 아닐까 하는 생각이 들었다.

그렇게 생각하니 노르망디 지방이 점점 더 수상하게 여겨졌다.

"그렇다. 보물은 이 지방 어딘가에 숨겨져 있을 것이다. 그래서 루이 14세는 일부러 이 지방에서 멀리 떨어진 프랑스 중부에 성을 쌓고 바늘 같은 탑을 우뚝 세워서 성의 이름을 에귀유, 바늘 성이라고 이름 붙여 놓았는지 모른다. 사람들에게 암호문인 에귀유의 수수께끼는 이 성이라는 착각을 하게 만든 것임에 틀림없다. 결국 에귀유의 비밀은 노르망디일 것이다."

이지돌은 힘이 솟아올랐다.

지금쯤 뤼팽이 숨겨 둔 보물이 있는 곳으로 달려갈 것이라고 생각한 이지돌은 서둘러서 노르망디 지방으로 달렸다.

노르망디 지방에 도착한 이지돌은 그 부근의 도시와 시골들을 빼놓지 않고 샅샅이 살펴 가며 둘러보았다.

'옳지, 저기가 수상하다.'

이지돌은 여러 도시 가운데서도 르아브르 시가 가장 의심이 갔다.

프랑수아 1세가 이 도시를 세우며 말하였던 그 '프랑스 도시의 운명에 큰 영향을 끼칠 중요한 비밀'이 이 곳에 숨겨져 있을 것만 같았다.

'틀림없이 그 말 속에는 무슨 까닭이 숨겨져 있을 것이다. 그것만 알아내면 된다. 혹시 문제의 보물이 숨겨진 장소가 바로 이 르아브르가 아닐까?'

이렇게 생각하니 마음이 설레었다.

이지돌은 다시 변장을 하고, 조그만 단서라도 있을까 하여 살폈다.

그러나 좀처럼 어떤 단서도 손에 걸리지 않았다. 지금까지 자신만만하여 의욕에 넘쳐 있던 이지돌은 기운이 빠져서 좀 지루해지기 시작하였다.

그러는 사이에 며칠이 지나갔다. 어느 날 아침, 이지돌은 또 다른 모습으로 변장을 하였다. 전혀 다른 모습의 사람이 되어, 센 강 하구가 바다와 맞닿는 곳에 있는 조그만 여관 식당에 들어가서 식사를 하고 있는데 한 남자가 눈에 띄었다.

'아니, 저 사람은……'

이지돌은 붉은 얼굴에 뚱뚱한 남자가 앉아 있는 것을 보고 생각을 하였다.

그 남자는 기다란 회초리를 곁에 놓고, 투박한 긴 장화를 신은 것으로 보아 마부 같은 느낌이 들었다.

'마부라면 마차를 끌고 이 곳에 왔을 텐데, 그렇다면 필시 무슨 짐을 싣고 왔거나 실어 갈 것이다……'

이지돌은 이런 생각을 하며 이 남자를 눈여겨보았다. 그런데 이 남자 역시 힐끔힐끔 이지돌을 살피는 것이 아닌가.

이지돌은 무관심한 척하면서 열심히 식사를 하였다.

이지돌이 식사를 끝마쳤을 때, 그 남자도 식사를 마치고 파이프 담배를 피워 물었다. 그러고는 계속해서 힐끔힐끔 이지돌을 살폈다.

이지돌이 일어나서 식사 값을 지불하려고 그 남자의 테이블 옆을 지나려고 할 때 그가 혼잣말처럼 말하였다.

"안녕, 이지돌?"

이지돌은 깜짝 놀랐으나, 태연한 자세로 그 남자에게 물었다.

"아니, 이지돌이라니요? 저는 이지돌이 아닌데, 혹시 잘못 본 거 아닙니까?"

"아니, 틀림없는 이지돌이야. 뭐 특별한 볼일은 없네. 단지 가끔 신문에서 본 유명한 자네 얼굴을 확인하려고 할 뿐이지. 오늘 자네의 변장술은 그다지 훌륭한 것 같지 않군."

"도대체 당신은 누구십니까?"

"나를 모르겠나?"

그 남자는 말투로 보아 프랑스 사람이 아니었다.

이지돌은 다시 정중하게 말하였다.

"글쎄요, 나는 당신을 전혀 모르겠는데요. 만난 기억이 없습니다."

"하기는 나도 마찬가지지. 자네를 만난 것이 오늘 여기서 처음이니까. 내 사진도 가끔 신문에 나오는데, 그래도 모르겠나?"

"그렇습니다만, 누구십니까?"

"셜록 홈스라네! 그래도 모르겠는가?"

"아니, 당신이 셜록 홈스라고? 그 유명한 명탐정 말입니까?"

이지돌은 기쁨과 놀라움이 뒤섞인 얼굴로 그 사람을 뚫어지게 바라보았다.

이지돌은 홈스에게 악수를 청하였다.

"홈스 씨, 뜻밖에 만나뵙게 되어 정말 기쁩니다. 영광입니다."

이지돌은 홈스가 그 크고 따뜻한 손으로 자기의 손을 덥석 잡아 주자, 무엇이라고 말할 수 없는 감동을 느끼며 가슴이 뭉클하였다.

"홈스 씨! 당신이 여기에 오신 것은 그 사건 때문이지요?"

"그래, 바로 그것 때문이지. 나도 자네와 똑같은 생각이거든……."

명탐정 홈스도 자기와 똑같은 생각이라는 이야기를 듣자 이지돌은 기뻐서 어쩔 줄을 몰랐다. 그러나 홈스와 같은 명탐정이 이 지방을 눈여겨보고 있다면, 자기가 고생 끝에 가까스로 알아내게 될 수수께끼의 비밀을 홈스가 먼저 풀어 내는 것이 아닐까 하여 초조해지기도 했다.

그래서 이지돌은 어떤 일이 있어도 홈스에게 져서는 안 되며, 반드시 이겨야 한다는 경쟁심과 용기가 끓어올랐다.

"홈스 씨! 이 지방을 관찰하게 된 특별한 사연이라도 있습니까? 무슨 좋은 생각이라도 떠올라서 오신 것입니까?"

이지돌은 이렇게 넌지시 이야기하며 홈스의 속마음을 훑어보았다. 그러나 홈스는 이지돌의 마음을 꿰뚫고 있다는 듯이 빙그레 웃을 뿐이었다.

이지돌과 홈스의 연합 작전

홈스는 이지돌을 바라보며 매우 똑똑한 소년이라는 생각을 하였다.

자기가 이곳에 온 까닭을 묻는 것을 보면, 지금까지 그가 조사하고 궁리해 낸 것을 자기에게 빼앗기기 싫다는 욕망이 타오르고 있다는 것을 쉽게 느낄 수 있었다.

"이지돌! 나는 자네와 이 곳에서 만나리라고는 꿈에도 생각하지 못했거든. 역시 자네는 머리가 명석한 명탐정이야. 이곳에서 우리가 만난 것도 어쩌면 인연이라고 할 수 있어. 자네나 나나 목표는 꼭 한가지지. 하지만 나는 자네와 전혀 다른 방면에서 이 보물의 수수께끼를 풀려고 하네. 자네는 암호문과 팸플릿을 유일한 열쇠로 풀려고 하지? 그러나 나는 암호문이나 팸플릿 따위로 비밀의 수수께끼를 풀려고 하지 않아. 그런 것을 믿지 않으니까……."

"그럼, 전혀 다른 방법으로 수수께끼를 풀어 갈 생각입니까?"

"물론이지. 그 방법이 궁금한가? 그렇다면 속시원하게 말해 주지. 자네, 빅투아르라는 여자를 알고 있나?"

"예, 알고 있습니다. 뤼팽이 갓난 아기였을 때부터 돌보아 준 사람입니다. 뤼팽을 위해서라면 목숨도 기꺼이 바치겠다는 충성스러운 유모이자, 뤼팽이 괴도가 된 뒤에는 무척 슬프게 생각하면서 그런 일을 그만두고 바른 길로 떳떳하게 살아가라고 충고한 사람이죠."

"그렇지, 그처럼 착하고 정직한 여자가 빅투아르지. 그런 여자의 손에서 자란 뤼팽이 어째서 그 무서운 괴도가 되었는지 알다가도 모를 일이야. 그녀는 뤼팽을 너무나 소중하게 여긴 나머지, 그가 경찰에 쫓기면 자기 목숨을 버릴 각오로 숨겨 주기도 하고, 또 도망가도록 해 주지. 하여튼 뤼팽에게 쏟는 정성과 사랑은 아주 대단해."

"그렇지요. 그러나 그런 것은 이미 다 알려진 이야기가 아닙니까?"

"그렇지. 그런데 문제는 바로 거기에 있어. 나는 그 빅투아르가 숨어 있는 집을 찾아냈네. 바로 이 르아브르 마을을 지나는 제25번 국도에 있어. 그래서 나는 뤼팽이 빅투아르를 찾아 이 곳으로 올 것이라고 믿고 있네."

"그렇군요. 뤼팽은 빅투아르를 무척 사랑하니까 틀림없이 그녀를 찾아갈 거예요."

"그렇지. 그래서 그 때를 기다리다가 체포하려는 것이야. 지금까지 내가 그 놈한테 얼마나 골탕을 먹었는지 자네는 모를 거야. 우리 두 사람은 어쩌면 죽을 때까지 서로 싸워야 할 타고난 원수지간인지도 몰라. 우리 사이에는 언제나 무시무시한 혈투만이 있을 뿐이야."

홈스의 눈은 샛별처럼 반짝반짝 빛났고, 얼굴은 새빨갛게 타오르듯 열기가 넘쳐흘렀다.

'아, 이제 괴도 뤼팽과 명탐정 홈스의 숙명적 싸움이 펼쳐질 모양이구나. 에귀유 크뢰즈의 비밀을 두고 무서운 투쟁이 벌어질 것이다.'

이지돌은 이렇게 속으로 생각을 하였다. 그 장면을 미리 생각해 보니 정말 신이 났다.

이지돌은 혼자서 제25번 국도 제방 나무 그늘 아래 풀밭에 엎드려서 무엇인가를 곰곰이 생각해 보고 있었다.

'이 제25번 국도에서 그다지 멀지 않은 마을에 유모인 빅투아르가 숨어 살고 있다? 뤼팽은 홈스 씨의 말처럼 틀림없이 빅투아르를 찾아온다? 그러면 홈스 씨가 그를 체포하고자 싸움을 건다? 그러면 정말 통쾌한 장면이 벌어지겠는데……."

그렇게 생각하니 이지돌의 가슴은 뛰었다.

이지돌은 풀밭에서 일어나 주머니에 든 지갑에서 암호문을 꺼내었다.

이 암호문은 맨 처음 것과는 달리 1, 2, 3, 5행이 모두 문자로 되어 있었다. 그러나 넷째 줄만은 먼저 것과 똑같았다.

'바로 열쇠는 이 넷째 줄의 암호이다. 이것을 풀어야 한다. 1, 2, 3행과 마지막 5행은 별로 의미가 없다.'

이지돌은 이렇게 생각하며 암호문을 다시 보았다.

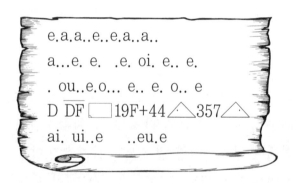

이지돌은 바로 이 네 번째 줄의 수수께끼를 풀기 위하여 몹시 끙끙거렸다. 그래서 에트르타 지방을 한 바퀴 빙 돌았다.

날이 저물고 밤이 되자 이지돌은 어떤 농가의 사람들과 학교 선생님, 목사들과 이야기를 나누게 되었다.

"혹시 이 근처 어디에 오래 전부터 에귀유와 관계 있는 성이라든가

장소 같은 곳은 없습니까? 바늘이나 속이 빈 그런 이야기의 건물 말입니다."

"글쎄요, 그런 이야기는 가끔 들리기는 해도, 그런 성이나 장소가 있다는 이야기는 전혀 듣지 못했습니다."

그들은 모두 똑같은 대답을 하였다. 그러나 이지돌은 단념하지 않았다. 어딘가에 틀림없이 있을 것이라고 굳게 믿었기 때문이다.

어느 날, 이지돌은 푸른 바다가 내려다보이는 생장이라는 마을을 지나다가 낭떠러지 벼랑을 보았다.

그 곳을 내려다보니 바위투성이였다. 그 곳은 매우 평온한 것처럼 보이는 바다로, 울퉁불퉁한 바위와 출렁거리는 파도, 부서지는 은빛 물방울들이 서로 어울려 멋진 조화를 이루고 있었다. 아주 상쾌한 바다였다.

이 바다를 바라보고 있던 이지돌은 한순간 아름다운 바다에 취하여 모든 것을 잊고 멍하니 서 있었다.

그러다 기분이 좋아져서 휘파람을 불었다.

휘파람 소리는 벼랑 끝의 파도를 타고 바다 저 멀리로 넘실거리며 퍼져 나갔다.

수수께끼의 D와 F

이지돌은 바닷가의 울퉁불퉁한 바위 사이를 오르내리면서 얼마쯤 걸었다. 깎아지른 듯한 높은 벼랑 위에 다 무너져 가는 벽돌담이 있었다.

'이것은 무슨 벽돌담일까? 혹시 옛날 로마 군사의 군영 본부가 있었던 곳일까?'

이지돌은 그렇게 생각하면서 벽돌담을 자세히 살펴보았다. 옛날 로마 군대들은 가는 곳마다 정복하고 그 지방에 엄청난 규모의 군대 주둔지

를 만든 뒤, 정복한 지방을 다스렸다. 그러니까 군대의 군영 본부는 정복한 지방을 다스리기 위한 중심지가 되었던 것이다.

'틀림없는 군영의 흔적이 있는데? 저쪽에 보이는 것이 광대한 군영터 같고, 이쪽에 보이는 것은 작은 성터였던 것 같다.'

이지돌은 이렇게 생각하면서 울퉁불퉁한 바위들을 지나 성터 같아 보이는 곳으로 걸어갔다.

그것은 높은 벼랑 위에 세워져 있었고, 다 허물어진 벽돌담과 붉게 녹슨 작은 철문이 좁은 길을 가로막고 있었다.

건너편 아치형의 문에는 녹슨 자물쇠가 채워져 있었다. 이지돌이 문 앞으로 가서 자세히 살펴보니 문에는 다음과 같은 글이 붙어 있었다.

fort be Bréfossé(포르 드 프레포세)

'프레포세 요새'라는 표시였다.

이지돌은 그 문을 지나 오른쪽으로 돌아 작은 언덕을 내려갔다. 그러자 오솔길이 나오고 그 길 끝에는 바닷속에서 삐죽 솟아오른 큰 바위 위에 창문처럼 구멍이 뚫려 있는 동굴이 보였다.

"저 동굴에서 바다를 감시했나 보구나."

이지돌이 그 구멍으로 다가가 보니 동굴 한가운데는 사람이 겨우 설 수 있을 정도의 높이로, 그 바위 벽에는 여러 가지 글자와 일정한 모양의 형상들이 새겨져 있었다.

주위를 둘러보니 육지에 붙어 있는 쪽에도 창문인 듯한 네모난 구멍이 뚫려 있어, 그 곳으로 내다보니 프레포세 요새문이 바로 정면으로 보이고, 3,4미터 앞의 성벽 위에 총구가 보였다.

바다 쪽과 육지 쪽으로 난 구멍을 통해 바람이 들어와 시원하였다. 그리고 햇볕도 가려 주어 아주 좋았다. 이지돌은 배낭을 내려놓고 주저앉아 잠시 쉬고 있었다. 피곤한 몸이라 어느 사이에 잠이 들었다. 한잠 자고 난 이지돌은 잠에서 깨어나 눈을 비비며 큰 하품을 하였다.

'아, 잠이 들었구나.'

순간 이지돌은 깜짝 놀라 눈을 크게 떴다. 그가 앉아 있는 바로 그 자리 발 밑에 커다란 글자가 새겨져 있었기 때문이다.

'아니, 이 글자는 D와 F가 아닌가! 암호문의 네 번째 줄에 있는 문자다. 이 문자가 여기에 있다니 이상하구나. 이것은 큰 발견이다!'

이지돌은 동굴을 나와 단숨에 프레포세 요새 근처까지 달려갔다. 그러고는 그 곳에 있는 양치는 노인에게 물어보았다.

"할아버지, 저 곳에 있는 동굴은 무엇입니까?"

이지돌은 이렇게 물어보면서도 흥분하여 입술이 떨렸고 그로 인하여 말도 잘 나오지 않았다.

그러나 이지돌은 흥분을 가라앉히고 마음을 진정하면서 다시 양치는 노인에게 이야기를 하였다.

"할아버지! 저기 우뚝 서 있는 저 바위는 희한한 모습이네요. 저 바위를 무엇이라고 하나요?"

양치는 노인은 별것 아니라는 듯이 가볍게 대답하였다.

"저 바위 말인가? 그건 드모아젤(아가씨들)의 방이야."

"예? 드모아젤이라고요?"

이지돌은 양치는 노인의 이야기를 듣고서 너무나 흥분하여 펄쩍 뛸 것만 같았다.

"드모아젤의 방이라면 바로 그 암호문 속에 있는 단어 드모아젤과 같은 말이다. 그렇다면 암호문 속에 숨어 있는 드모아젤은 쉬잔과 레이몽을 뜻하는 것이 아니라, 바로 이 성터를 말하는 것이 분명하다!"

이지돌은 가볍게 입술을 깨물었다.

양치는 노인은 양들을 몰고 어디론가 가 버렸다.

이지돌은 바위 위에 앉아서 한참 생각에 잠겼다.

'이건 틀림없이 보통 일이 아니야. 분명 이 에트르타 지방에는 큰 비밀이 감추어진 장소가 있어. 그리고 그 장소는 여기 어딘가에 있다! 그 곳이 과연 어디일까?'

이지돌이 이런 생각에 잠겨 있는 동안 어느덧 성터도 바위도 모두 어둠 속에 묻혀 사라져 가고 있었다.

이지돌은 누군가의 눈에 띌까 봐 엉금엉금 기어 벼랑 끝으로 갔다. 그리고 우거진 수풀을 헤치고 바다를 내려다보니, 80미터 이상이나 될 듯한 거대한 큰 바위가 바다 위에 산처럼 우뚝 솟아 있는 것이 보였다.

"이건 또 얼마나 기괴한 바위인가? 저 모양은 마치 깊은 바다 밑에서 솟아오른 바다 귀신의 송곳니처럼 생겼구나!"

이지돌은 이 바위를 보면서 무서운 생각까지 들었다. 위로 올라갈수록 뾰족한 것이 꼭 송곳니 같아 보였다.

몇억 년 전부터 석회와 모래가 교대로 쌓여서 생긴 지층인 듯하였다. 그것은 매우 단단하여 어떤 어마어마한 비바람과 태풍에 버티어 섰고, 아무리 성난 파도가 휘몰아쳐도 꼼짝하지 않고 오랜 세월을 끈질기게 버텨 온 것같이 보였다. 이상한 바위의 장엄한 모습에 눌려서 이지돌은 신음소리가 절로 새어 나왔다.

"아, 그렇다! 저것은 틀림없이 바늘이다. 거대한 바늘! 에귀유……. 바로 이것이 틀림없어."

이지돌은 흥분한 목소리로 크게 소리를 질렀다. 암호문 속의 에귀유의 의미를 찾아낸 이지돌은 가슴이 터질 것만 같았고, 매우 기뻐서 춤이라도 추고 싶은 충동을 느꼈다.

"그렇다면 크뢰즈란 무엇일까? 설마 저 이상하고도 거대한 바위 속이 텅 비어 있다는 것일까? 바윗덩어리의 속이 텅 비어 있을 리는 없을 텐데……."

그렇게 생각하고 있을 때 놀랄 만한 일이 생겼다.

바늘같이 생긴 바위 꼭대기에 2, 3마리의 까마귀가 아주 느리게 원을 그리며 빙빙 날아드는 것이었다. 저녁 노을 속인데, 까마귀가 두어 바퀴 이상한 바위를 맴돌 때 바위의 갈라진 틈에서 새하얀 연기가 모락모락 피어오르는 것이 보였다.

'아니, 연기가 피어오르다니? 하지만 저 연기는 틀림없이 바위 속에서 솟아오르는 것이 아닌가? 아! 그것은 바로 바위의 속이 비어 있다는 신호이자 증거다!"

바로 이 바위의 속은 비어 있었다. 그러니까 에귀유 크뢰즈, 속이 빈 바늘이었던 것이다.

이지돌은 정말 뜻하지 않은 곳에서 정말 우연하게도 큰 비밀의 수수께끼를 너무나 쉽게 풀어내었다.

"야! 정말 통쾌한 일이다!"

이지돌은 환호성을 질렀다.

풀린 비밀의 수수께끼

프랑스의 국왕들이 오랜 세월을 두고 귀중한 보물들을 남 모르게 숨겨 둔 비밀의 장소를 이제 겨우 열일곱 살 된 소년 이지돌이 찾아낸 것이었다.

그 누구의 도움도 받지 않고 혼자의 힘으로 찾아낸 것이었다. 대단한 추리력을 보여준 장한 일이었다. 그리고 끈질긴 인내력으로 아무도 할 수 없는 일을 해낸 것이다. 그것은 하나의 기적과도 같은 일이었다. 그러나 이지돌보다 한 발 앞서서 기적과 같은 일을 해낸 사람이 있으니 그가 바로 뤼팽이었다.

지금 그 비밀의 장소에서 피어오르고 있는 연기를 보면서, 뤼팽의 비밀 장소를 확인할 수 있었다.

이지돌은 뤼팽보다 한 발 늦게 이 바늘 바위를 발견하였지만, 그 대신 뤼팽의 흉계가 무엇인지를 꼭 밝혀내야 한다는 새로운 숙제가 그 앞에 가로놓여 있었다.

"틀림없이 수수께끼를 풀고야 말겠어!"

이지돌은 에트르타의 여관방에서 암호문을 곰곰이 들여다보며 바늘 바위까지 갈 수 있는 방법을 궁리하기 시작하였다.

이지돌은 먼저 첫째 줄을 곰곰이 살피다가 무엇인가를 깨달았다. 그는 무릎을 탁 치며, 큰 소리로 외쳤다.

"바로 이것이다!"

첫째 줄의 끝 부분은 e...e.a.로, 거기에 적당한 자음을 맞추면 에트르타라는 단어가 된다. 바로 이 마을의 이름이 에트르타인 것이다.

"그러면 이 앞 부분은 무엇일까? 혹시 에트르타에서 에귀유까지의 방향을 가리키는 것이 아닐까? 그렇다면 바로 서쪽을 말하는데……."

앞 부분 e..e.a.에 끼워 넣을 말을 찾아보던 이지돌은 프랑스의 바닷가 지방에서 서쪽이라는 말 대신 쓰이는 '바람이 불어오는 곳'이라는 뜻의 단어 '아나발 이'라는 말을 찾아내었다. 드디어 첫째 줄은 '아나발 이 에트르타'로 '에트르타 마을의 서쪽'이라는 뜻으로 풀이되었다.

다음 둘째 줄은 이것이 '라 상브르 데 드모아젤'이라는 뜻이 되는데, 이 말은 양치기 노인의 말로 알게 된 '아가씨들의 방'으로 풀 수 있었다.

셋째 줄은 몹시 까다로워 풀기가 어려웠으나 골똘히 생각한 끝에 '아가씨들의 방'에서 멀리 떨어진 곳에 프레포세 요새가 있었던 것을 생각하면서 그 말을 사이에 넣었더니 '수 르 포르 드 프레포세'라는 말, 즉 '프레포세 요새 아래'라는 말이 나왔다.

이렇게 하여 넷째 줄을 빼고 모두 풀어진 뜻을 이어 보았더니, 이런 이야기가 되었다.

첫째, 에트르타의 서쪽으로 가서

둘째, 아가씨들의 방으로 들어가

셋째, 프레포세 요새 아래를 지나

넷째, 속이 빈 바늘 바위 안으로 들어가라.

정말 기가 막힌 암호였다.

그러나 이것만으로는 바늘 바위로 갈 수 있는 방법을 알 수가 없었다. 그건 넷째 줄의 암호 속에 숨겨져 있는 것이 분명하였다.

그런데 넷째 줄의 암호는 다른 줄과는 전혀 다른 방식의 것이라 알수가 없었다. 이지돌은 밤을 새워 가며 궁리를 거듭하다가 그 실마리를 잡기 시작하였다.

'그렇다! 그 거대한 바늘 바위 속 동굴로 가려면 물 위로 가는 것이 아니라 육지에서 바다 밑으로 연결된 비밀 지하도가 있다는 것이다. 그리고 넷째 줄의 D는 아가씨들의 머리글자이고 F는 프레포세의 첫 자이다. 그러니까 '아가씨들의 방'에서 '프레포세 요새'로 가라는 뜻이로구나! 그리고 그 앞의 D자는 F 문자가 새겨져 있는 곳에 무엇인가 교묘한 장치가 되어 있다는 암호일 것이다. 지하도를 찾아내면 해답은 저절로 풀릴 것이다.'

이지돌은 여기까지 추리해 내고 나니 기분이 매우 상쾌해졌다. 이지돌은 가슴이 뛰고 흥분이 되어서 잠을 잘 수가 없었다.

아침이 되자, 이지돌은 여관을 나와서 '아가씨들의 방'으로 달려갔다. D와 F라는 글자 앞에 주저앉아 암호문을 꺼내 놓고 사각형과 삼각형의 의미를 찾아보려고 이리저리 궁리를 짜내었다.

"옳지, 이걸 왜 진작 몰랐을까!"

이지돌은 큰 소리로 외쳤다. 창문은 바위를 파내고 만들었기 때문에 울퉁불퉁하기는 하였으나 틀림없이 정확한 사각형이었다.

"사각형의 비밀은 저 창문이다."

이지돌은 창문 가까이로 갔다. 창이 너무 낮았기 때문에 두 다리를 구부리거나 벌리고 허리를 굽혀야만, 그 창문으로 프레포세 요새를 모두 한눈에 바라볼 수 있었다.

그 순간 이지돌은 발밑을 내려다보았다. 그 발밑에는 공교롭게도 정확하게 D와 F자가 새겨져 있었다.

"아, D와 F를 밟고 서 있다니! 결국 암호문 속의 D와 F는 두 다리로 밟고 서라는 받침점이었구나!"

이지돌은 다시 한 번 그대로 선 채 창문을 통하여 밖을 내다보았다. 성터와 좁은 길이 뚜렷하게 보였다.

그런데 이 성터의 모양을 자세히 살펴보기 위해서는 눈을 조금 왼쪽 아래로 돌려야만 하였다. 그러자 창 왼쪽 아래 가장자리에 작은 바위가 불쑥 튀어나와 있고 그 끝이 마치 손톱처럼 날카로운 것이 눈에 보였다.

"암호문의 사각형 방향이 바로 저것이로구나!"

이지돌이 한쪽 눈을 감고 손톱처럼 생긴 곳을 겨냥해 보았더니 바위 언덕 위에 일부분이 보였다. 그 부분은 거의 전부가 낡은 벽돌담으로 되어 있었다.

이지돌은 그 쪽으로 급히 달려갔다. 그러나 무너진 벽돌 사이에 어느 한 군데에도 별다른 표시가 없는 것 같았다. 벽은 길이 10미터 정도로 이끼와 잡초들로 덮여 있었다.

"여기는 아닌 것 같은데! 그럼 어디일까?"

이지돌은 '아가씨들의 방'으로 되돌아와서 문제의 암호 속에 있는 19라는 숫자를 다시 생각해 보았다.

"아, 그렇다!"

이지돌은 가볍게 감탄하며 실에 돌멩이를 묶어서 창을 통하여 19미터 되는 곳으로 던져 보았다. 그러나 그것은 엉뚱하게도 좁은 길의 어느 한 부분에 닿았을 뿐이었다. 이지돌은 다시 생각에 잠겼다.

그리고 암호문이 만들어진 그 옛날에 미터법이 쓰였을 리 없다는 것에 생각이 미쳤다.

"그 당시는 미터법 대신 무엇으로 길이의 단위를 썼을까?"

이지돌은 드디어 그 때 투아즈라는 단위로 길이를 쟀던 것을 알아내었다. 1투아즈는 약 2미터라는 것도 알아내었다. 그러니까 38미터인 셈이었다.

이지돌은 38미터 길이의 실에다 돌을 매달아 벽돌담 쪽으로 던져 보았더니 돌은 벽돌담에 정확히 닿았다.

이지돌이 급히 돌이 닿은 벽돌담 쪽으로 가 보았더니 조그만 십자형의 돌이 불쑥 튀어나와 있었다.

암호문의 19 다음에 있던 F는 바로 이 십자형을 가리킨 것이라는 걸 깨달았다.

지하도 발견

'바위가 너무나 이상하구나! 이 바위도 자연적으로 생겨난 것일까? 아니면 바다 물결에 씻기고 비바람에 깎이면서 오랜 세월이 흐르는 동안 저렇게 기이한 모습으로 변한 것일까?'

이지돌은 이상한 바위를 보면서 여러 가지를 생각해 보았다.

"바위야 어떻게 해서 저런 모습이 되었든 상관없다. 이 바늘 모양을 한 큰 바위 속이 비어 있다는 것만으로도 충분하다! 이 곳이야말로 프랑스 대대의 국왕이 막대한 보물을 감추어 둔 비밀 장소인 기암성, 이상하게 생긴 바위 성인 것이다."

이지돌은 이렇게 중얼거리면서 십자형의 큰 돌을 움직여 보았다. 그러자 이 돌의 사방 1미터가 빙그르르 한 바퀴 돌면서 캄캄한 굴 속이 나타났다.

'아아, 얼마나 위대한 멋진 대발견인가!'

이지돌은 너무 흥분한 나머지 현기증이 날 정도였다.

몇백 년 동안 그 누구도 풀지 못한 비밀의 함정, 수수께끼가 비로소 풀린 것이다.

'그것도 열일곱 살인, 고등학생인 내가 풀어냈으니, 정말 대단한 일 아닌가!'

'이제는 저 바위 속으로 들어가서 조사하는 일이 급하다! 저 비어 있는 큰 바위 속을 조사해 보아야 한다. 어떻게 해야 저기까지 갈 수 있을까? 물론 바다를 통하지 않고서는 갈 수가 없겠지? 아마도 앞바다를 향한 쪽에 배들이 드나들 수 있는 틈새가 있을지도 모른다. 아니, 틀림없이 있을 것이다! 육지에서는 어떨까?'

이지돌은 이렇게 생각하면서 그 곳으로 가는 방법을 찾고 있었다. 여기저기 살펴보며 궁리를 하던 이지돌은 새로운 곳을 찾아내었다.

그 곳은 겉에 흙벽돌을 붙인 철문이었다. 이지돌은 드디어 지하도 입구를 발견하는 데 성공한 것이었다.

이지돌은 그날 밤 경시청으로 긴급 도움을 요청하였다. 그러나 경시청에서 지원 부대가 나올 때까지 가만히 앉아서 기다릴 수만은 없었다.

이지돌은 다시 '아가씨들의 방'으로 가서 관찰을 시작하였다. 언제 어느 때 불쑥 뤼팽 일당이 나타날지 모르기 때문에 이지돌의 마음은 더욱 조마조마하였다.

아무리 용감하고 머리 회전이 빠른 이지돌이라고 해도 한밤중에 이렇게 외진 곳에 혼자 있으려니 온몸이 오싹오싹해졌다.

바람 소리에도 귀신이 나타날 것만 같고 물 소리에도 귀신이 덤벼들 것 같았다. 그러나 그 날은 아무 일 없이 조용히 지나가고 날이 밝았다.

하루가 또 허무하게 지나가고 또 밤이 되었다. 다음 날 밤, 희미한 초승달 빛과 반짝이는 별빛이 오래된 성터와 그 주위를 비추고 있었다.

순간 이상한 그림자가 벽돌담 부근에서 어른거리는 것이 보였다.

"앗! 저건 뭐야?"

이지돌은 가볍게 중얼거리며 눈을 크게 떴다. 그리고 수상한 사람의 그림자가 벽돌담 사이에서 왔다갔다하는 것을 눈여겨보았다.

"누굴까? 어디서 왔을까?"

이지돌이 가만히 살펴보니 벽돌담 안에서 또 한 사람이 슬그머니 나타났다. 그러더니 그 뒤를 이어서 여러 명이 한꺼번에 나타났다.

"아! 저들은 틀림없이 비밀 지하도의 입구를 통해 이 곳으로 왔을 것이다. 그렇다면 뤼팽의 일당이 분명하다!"

이지돌은 이렇게 단정하면서 숨소리를 죽여가며 그들의 움직임을 유심히 살폈다.

"아니? 저자들이 큰 짐보따리를 짊어지고 가고 있네!"

이지돌이 가만히 보니까 괴한들은 큰 짐을 짊어졌거나 부둥켜안고 험한 바윗길을 따라 르아브르로 가는 길을 올라가고 있었다.

그들의 모습이 큰 바위로 거의 사라져 갔을 때 두 대의 자동차 시동 소리가 들려왔다.

"저 녀석들이 무언가를 찾아내서 다른 장소로 옮기고 있는 게 틀림없다. 파리 경시청은 무얼 하고 있담? 빨리 와야 하는데……."

이지돌이 안타까워하고 있을 때 자동차가 달리는 소리가 들렸다.

"아, 놈들이 어디론가 달려가는구나!"

이지돌은 한탄을 하며 일어나 걷기 시작하였다. 한참 동안 걸어서 큰 농가가 있는 데까지 왔다.

그 때 뤼팽의 부하로 보이는 사나이들이 짐보따리를 어디론가 옮기는 것이 또 보였다. 이지돌은 크게 실망하면서 숙소로 돌아갔다.

다음 날 아침, 눈을 뜨자 여관 종업원이 편지 한 통을 가지고 왔다.

이지돌이 급히 펼쳐 보니 가니말 형사의 명함이었다.

"아, 와 주었구나!"

이지돌은 어린아이처럼 기뻐하며 큰 소리를 질렀다. 이지돌은 급히 서둘러 방에서 나와 가니말 형사를 만났다.

"이지돌, 자네의 편지를 보았지. 정말 훌륭한 일을 해냈어. 뛰어난 솜씨야. 자네는 정말 훌륭한 명탐정이야."

가니말 형사가 크게 칭찬하며 이지돌의 손을 잡아 주자, 이지돌은 얼굴이 붉어졌다.

"뭘요! 모두 운이 좋아 그렇게 된 거예요."

"그런데 말이야, 이지돌! 실은 나는 이번에 특별 명령을 받고 내려왔어. 즉, 이 사건에 대하여 절대 비밀을 지키라는 명령이지."

"누구의 명령입니까? 경시 총감입니까?"

"아니라네. 그 분보다 훨씬 더 윗분의 엄명이지!"

"그렇다면 총리대신?"

"아니야, 대통령 각하의 명령을 받았지. 이 사건은 매우 중요한 국가의 중대 비밀이기 때문에 아무에게도 에귀유 크뢰즈 건에 대해 말해서는 안 된다는 특별 명령이라네."

"휴, 이유가 무엇입니까?"

이지돌이 큰 한숨을 내쉬며 이야기하자, 가니말 형사는 속삭이듯 작은 소리로 들려주었다.

"그것은 말이야, 비밀의 동굴을 프랑스 군사상 가장 긴요한 기지로 만들 계획이라는 거야. 다시 말하면 아주 강력한 파괴력을 지닌 화약, 폭탄, 장거리 미사일, 독가스, 그 밖의 최신 첨단 무기들을 저장하는 프랑스 최대의 군사 기지 창고로 만든다는 거야."

"그것 잘되었군요. 어젯밤 그 곳에서 뤼팽의 부하로 보이는 괴한들이 모두 나갔어요. 그들이 없는 사이에 그 곳을 점령해서 관리하면 되지 않습니까?"

"좋은 생각이야! 그들이 모두 나갔다면 잘된 일이지. 그런데 그들이 과연 모두 나갔을까?"

"어젯밤 보따리를 짊어지고 나와 자동차로 사라지는 것을 보았어요."

"그렇다면 놈들의 정체가 드러날 것이 아닌가? 그러면 놈들을 체포할 수 있을 것이다."

"형사님! 그러나 그들은 숨기도 잘하고, 도망치는 데 명수인걸요."

"아무리 그렇다고 해도, 바늘 위에서는 도망칠 수가 없을 테지."

"하지만 그들이 바늘 위에 있는지 없는지는 몰라요. 어젯밤에 나온 괴한은 모두 열한 명이었어요. 뤼팽도 그 가운데 섞여 있었을지도 몰라요."

이지돌의 이야기를 듣고 있던 가니말 형사는 무엇인가 골똘히 생각하고 있었다.

"그렇지! 어쨌든 문제는 그 바늘 바위야. 에귀유 크뢰즈란 말이거든. 그런데, 이지돌!"

"예."

"우선 우리가 해야 할 작전이 있네."

"무슨 작전입니까?"

"놈들이 다시 오지 못하도록 하는 일이야. 그들이 오지 못하면 이 곳이 군사 비밀 기지로 만드는지 어쩌는지 모를 거거든. 그들의 입을 통해서 국가의 군사 기밀이 새어나갈 염려는 없을 테니까……."

"만약 그 곳에 아직 보물이 남아 있다면 어쩌지요?"

"물론, 그것을 꺼내서 군사 기지로 만드는 비용으로 쓰고, 사회사업이나 빈민 구제 사업 등에도 쓰는 거지……."

"그것 참 좋은 일이군요. 그러나 뤼팽이 돌아올지도 모르는데……."

"그렇다면, 그 때야말로 그 놈을 체포할 수 있는 가장 좋은 기회지!"

"그러나 뤼팽은 도망칠 방법부터 차려 놓고 올 것이 분명해요."

"이지돌, 그것이 바로 우리들이 해야 할 작전 계획이라는 거야."

"예?"

"그 작전 계획은 다음에 이야기해 주마!"

이지돌은 눈을 크게 뜨고 가니말 형사를 바라보았다.

"왜? 궁금한가, 작전 계획 내용이?"

"예!"

"역시 호기심이 많은 소년 탐정이군!"

가니말 형사는 빙그레 웃었다. 그럴수록 이지돌은 궁금증이 더했다.

빈틈없는 작전 계획

"형사님! 작전 계획이 궁금합니다."

"역시 탐정이로구나! 작전은 3단계로 짜여 있다."

"3단계라고요?"

"첫째, 부하를 두 패로 나누어 한 패는 내가 맡고 자네의 지시를 따르는 것이고, 둘째, 다른 한 패는 따로 움직이며, 셋째, 밖에서 함정이 지키는 것이야."

"현장도 보지 않고 언제 그렇게 짜 놓으셨어요?"

"현장? 자네의 편지를 보고 짠 것이지. 어떤가, 이지돌? 이만하면 물 샐 틈 없는 작전이 되겠지?"

"좋아요. 그럼 바다를 지키는 함정은 그쪽에다 맡겨서 모터보트로 도망치는 뤼팽을 잡도록 하세요."

"그래서 만일의 경우를 대비해 뤼팽이 도망칠 바다의 가상 통로를 설정하고 12척의 어선과 해군 잠수함을 동원해 놓았지."

"그럼, 여기서 나눈 두 패는요?"

"부하를 둘로 갈라서 나는 그 한 패를 데리고 자네의 안내를 받으며 그 비밀 지하도를 통해 바늘 위로 가는 거야. 내가 단독으로 갈지, 부하를 데리고 갈지는 현장에서 다시 생각하기로 하고. 어쨌든 작전 계획의 행동 개시는 그 곳에서부터 시작되는 거야. 만일 뤼팽이 거기에 없다면 숨어 있다가 나타났을 때 잡도록 하고, 거기 있다면……."

"그 놈이 거기 있다면, 바늘 바위의 앞바다로 향한 쪽에서 모터보트로 도망칠 겁니다."

"그래서 어선을 가장해 다른 한 패를 대기시킨 것 아닌가?"

"그러나 상대는 뤼팽입니다. 워낙 도망을 잘 치기로 유명한 놈이라 상상도 못할 묘한 방법으로 도망칠지 모릅니다."

"그 때는 잠수함이 재빨리 따라가서 모터보트를 격침시킬 수밖에……."

"그 정도의 준비가 되어 있다면 작전을 전개할 태세가 충분합니다. 그런데 언제 작전에 들어갑니까?"

"내일 낮, 밀물 때를 노려서 하지. 그 때가 오전 10시야. 알겠나?"

가니말 형사는 이지돌과 이렇게 작전 계획을 소상하게 의논하고 부하들을 다시 점검하였다.

다음 날 아침 9시 45분!

가니말 형사는 가려 뽑은 부하 12명을 데리고 벼랑으로 오르는 길 밑에서 이지돌과 만났다.

드디어 작전 개시!

오전 10시, 그들은 성채 벽 앞에 이르렀다.

가니말 형사와 이지돌은 서로 얼굴을 바라보며 비장한 작전 신호를 주고받았다.

"자, 출발!"

가니말 형사의 목소리에 이지돌은 벽으로 다가가서 십자형의 돌을 눌렀다. 돌이 빙그르르 돌아서 한 바퀴 회전하더니 지하도 입구가 열렸다. 회중전등으로 비추어 보니 지하도는 마치 터널처럼 벽돌로 쌓여져 있었다.

"자, 들어가자!"

이들은 한 발 두 발 안으로 옮겨가며 걸어 들어갔다. 가니말 형사가 앞장서고 이지돌이 그 뒤를, 부하 12명이 또 그 뒤를 이었다. 얼마를 들어가자 계단이 나타났다.

계단은 모두 45계단이었다.

"아, 이것은 암호문의 44보다 한 계단이 더 많은데!"

이렇게 이야기하면서 계단을 다 내려가니 철문이 하나 나타났다. 12명의 부하들이 있는 힘을 다하여 철문을 밀어 보았으나 꼼짝도 하지 않았다.

"아니에요! 그렇게 억지로 밀어젖힌다고 열릴 철문이 아니죠. 여기에도 무엇인가 수수께끼가 걸려 있을 거예요. 문이란 것은 열고 닫기 위해 만들어 놓은 것이니까, 반드시 열리게 마련이죠."

이지돌은 이렇게 이야기하고는 다시 암호문을 꺼내 놓고 수수께끼의 해답을 찾아보았다.

"네 번째 줄에 문을 열 수 있는 열쇠가 숨어 있어요. 우선 44 삼각형이 퀴즈예요. 이 철문을 보면 네 구석에 삼각형의 쇳조각이 못으로 박혀 있어요. 암호문에도 삼각형 한가운데 점이 있고요. 암호문의 삼각형은 왼쪽 아래의 쇳조각과 같아요. 점은 바로 못을 표시한 것일 거예요. 그 쇳조각을 아래 위, 또는 양쪽 옆으로 어디로나 움직여 보세요."

"그만둬, 쓸데없는 일일 거야……. 그럼, 어디 해 볼까. 전혀 꼼짝도 안 하네."

가니말 형사가 말하였다.

"아, 그렇군요. 가만있자, 이 44라는 숫자는 계단 수보다 하나 적은데, 이것이 함수 아닐까요? 형사님, 계단에서 한 단 내려서 보세요. 이번에는 제가 열어 보겠어요."

가니말 형사는 이지돌이 이야기한 대로 한 계단 내려서 있었고, 이지돌이 못을 눌러 보자 철문이 끼익 열리고 동굴이 나타났다.

"아, 이 곳은 프레포세 요새의 지하인 것 같아요. 자, 보세요! 여기부터는 벽돌담이 아니라 석회암이네요."

"참 희한하군. 이지돌, 자네 혹시 이 비밀의 수수께끼를 알면서 능청 떨고 있는 것은 아닌가?"

가니말 형사는 진담 반 농담 반처럼 말하였다.

"원, 가니말 형사님도……. 암호문이 바로 교과서 아닙니까? 열심히 암호문대로 공부하고 있는 것뿐입니다."

이지돌은 신이 나서 말하였다.

이 동굴의 건너편 쪽은 그다지 어둡지가 않아서 좋았다. 가까이 가 보니 천장의 바위 틈 사이로 햇빛이 비쳐 들고 있었다. 그리고 망을 보기 좋게끔 바위 벽이 드문드문 뚫려 있었다.

그 틈 사이로 밖을 내다보니 바로 눈앞 바다 위에 에귀유의 뾰족뾰족한 바늘 바위가 위풍도 당당하게 서 있고, 그 건너편에는 넓고 끝없는 푸른 바다가 출렁거렸다.

그리고 수평선 저쪽에는 그들을 지원하기 위하여 출동한 잠수함들이 보였다. 이지돌과 가니말 형사 일행은 계속해서 동굴로 들어갔다. 이번에는 358계단이 나왔고 그 앞에는 역시 철문이 또 있었다.

이지돌은 먼저와 같은 방법으로 철문을 열었다. 그랬더니 길고 긴 해저 터널이 나왔다. 천장 곳곳에는 어둠을 밝히는 전등불이 설치되어 있어서 해저 터널 속을 비춰 주고 있었다. 환하게 빛나는 불빛이었다. 그 빛에 비추어진 바위 벽은 몹시 젖어 있었고, 천장에서는 물방울이 떨어져서 터널 한가운데는 웅덩이처럼 물이 고여 있었다.

"형사님, 여기는 분명 바다 밑인가 봐요."

"응, 틀림없어."

가니말 형사는 그렇게 대답하면서 터널 안을 살펴보았다.

"이지돌, 이 모양들은 중세기 때의 것들이야. 기름을 사용하지 않는 태양열에 의한 백열등인데……."

"그렇다면 이 해저 터널 안에 태양열 자가 발전소가 있단 말이에요?"

"그런 것 같아. 어마어마한 일을 꾸며 놓았군 그래."

가니말 형사는 놀랍다는 듯이 말하였다.

"해저 터널에 발전 시설까지 갖추었으니, 완벽하군요."

이지돌도 감탄하였다.

내 이름이다

이지돌과 가니말 형사, 그리고 12명의 부하들은 해저 터널 속으로 들어갔다.

해저 터널은 안으로 들어가면 갈수록 점점 더 넓어졌고 깊어졌다. 얼마를 들어가다 보니 이번에는 위로 올라가는 돌계단이 나타났다.

"이것이 큰 바늘 바위의 동굴 안으로 올라가는 길인가 봐요."

"그렇구나. 아직까지는 쭉 내려왔는데 여기서부터는 올라가는 길이군."

"형사님, 지금부터가 진짜 재미있는 모험의 시작일 것 같아요."

"그럴지도 모르지. 모두 정신을 바짝 차리자. 방심하면 큰 낭패를 보게 될지 모른다."

가니말 형사는 이지돌을 바라보며 부하들에게 단단히 당부를 하였다. 부하들은 모두 바짝 긴장하며 허리에 찬 권총에 손을 대었다.

이지돌은 가슴이 콩당콩당 뛰기 시작하였다.

'아, 드디어 우리 손에 의해 프랑스 왕가의 엄청난 비밀이 풀어지나 보다. 귀중한 보물들이 바로 눈앞에 있는 것이다.'

이지돌은 이렇게 생각하면서 그러나 절대 방심하여서는 안 된다고 마음을 가다듬었다. 언제 어디서 불쑥 나타날지 모르는 뤼팽임을 너무나 잘 알고 있기 때문이었다.

이지돌과 가니말 형사, 그리고 부하들이 모두 숨을 죽이고 조심조심 앞으로 나아갈 때, 부하 한 사람이 왼쪽을 가리키며 낮게 말하였다.

"형사님, 저기 계단이 있습니다."

그러자 이쪽에서도 부하 한 사람이 말하였다.

"이쪽에도 계단이 있어요."

"음, 그렇군. 앞과 좌우에 모두 계단이 있군. 세 갈래야. 어디로 가야 하나?"

"세 편으로 나누어 가 볼까요?"

"아니야, 그건 위험하고 불리해. 먼저 부하 한 사람을 정탐자로 보내도록 하지."

"아닙니다. 제가 가 볼게요. 모두들 여기서 잠시 기다리고 계세요."

용감한 소년 탐정 이지돌은 이렇게 말하고는 빙그레 웃으면서 앞쪽의 계단으로 살금살금 올라가기 시작하였다. 계단을 올라가니 여기에도 철문이 있었다. 그러나 이 철문은 잠겨 있지 않아 쉽게 열 수 있었다.

문을 열고 보니 그 안은 백열 전등이 켜진 아주 넓고 큰 밝은 방이 있었다.

"아, 여기는 큰 바늘 바위의 맨 밑동이구나!"

그 곳에는 바위 천장을 바치고 있는 거대한 바위 기둥이 여러 개 있었고, 그 아래와 벽 쪽에는 책상과 금고, 찬장, 의자가 가득 쌓여 있었다.

마치 커다란 옛 가구점의 창고 같았다.

이지돌은 방 안을 조심스럽게 살펴보았다. 그러자 세 군데의 계단 통로가 보였다.

'오, 저 밑에 있는 세 갈래 계단이 모두 이 방으로 통하고 있음이 분명해!'

이지돌은 이렇게 생각하며 방 안을 계속 살펴보았다. 바로 정면에 또하나의 알 수 없는 계단이 있었다.

이지돌은 그 계단으로 올라가 보았다. 계단은 30계단이었고, 그 위에는 철문이 있었지만 쉽게 열렸다. 그 안은 아래보다는 훨씬 좁았고, 막다른 곳에서 계단을 올라가 보니 더 좁은 방이 나왔다.

모두가 창고로 꾸며 놓은 크고 작은 방인 것 같았다.

네 번째 방에는 창문이 있었는데, 창문을 통하여 밖을 내다보니 푸른 바다가 보였다.

'아, 넓고 푸른 바다다! 아니! 아까까지만 해도 늠름하게 바다에 떠있던 잠수함들이 하나도 보이지 않네. 모두 숨어 버렸나?'

바다 위에는 푸른 바다가 넘실거리고 그 위에는 갈매기 몇 마리가 날아다니고 있을 뿐이었다. 고요한 바다를 바라보던 이지돌은 갑자기 불안한 생각이 들었다.

그러나 이지돌은 새로운 세계에 대한 호기심에 가득 차서 불안감보다는 흥미로운 일에 더 마음이 쏠렸다.

'이왕 여기까지 온 김에 좀더 조사해 보고 싶군.'

이지돌은 다시 계단을 올라갔다.

여기에도 문이 있었는데, 이 문은 이제까지 본 것과는 아주 다르게, 멋진 떡갈나무 문으로 아주 호화롭게 꾸며져 있었다.

이지돌의 가슴은 저도 모르게 거칠게 뛰었고, 불안감은 점점 더 깊어졌다.

아차하는 순간에는 도망칠 준비를 하면서 조심조심 안으로 들어선 이지돌은 눈이 휘둥그레지고 말았다.

'아, 저 호화로운 식탁에서 프랑스 왕가의 가족들이 식사를 했을까?'

방 한군데에 놓여 있는 최고급 호화 식탁을 본 이지돌은 입이 딱 벌어지고 말았다.

그 식탁 위에는 갖가지 과일과 과자를 담은 접시, 샴페인과 빛나는 고급 컵 등이 놓여 있고, 한가운데는 지금 막 꽂아 놓은 듯한 아름다운 꽃이 놓여 있었다.

이 식탁을 둘러싸고 세 개의 의자가 놓여 있었다. 의자 위에는 식사를 할 사람들의 이름이 적힌 카드가 놓여 있었다.

'누군가가 지금 이 곳에서 식사를 하려는가 보다. 들키면 큰일이다!'

이지돌은 이렇게 생각하면서 살금살금 식탁 쪽으로 다가가 카드를 보고는 깜짝 놀랐다.

그 첫 번째 카드에는 '아르센 뤼팽'이라고 적혀 있고, 두 번째 카드에는 '뤼팽 부인'이라고 적혀 있었다. 그리고 마지막 카드에는 '이지돌 보들레'라고 적혀 있는 것이었다.

'아니? 이건 내 이름인데, 누가 써 놓았지? 그럼, 나는 이미 함정 속

에 빠진 것이 아닌가?'

이지돌은 온몸이 와들와들 떨렸다.

뤼 팽

'어떻게 이럴 수가 있단 말인가? 뤼팽이 나타날지도 모른다고 생각하며 여기까지 조심조심 왔는데, 또 이렇게 당하다니……'

이지돌은 호화로운 식탁 의자 위에 자기의 이름이 적혀 있는 카드를 보면서 소름이 끼쳤다.

'아, 그 괴도 뤼팽에게 또 한 번 완전히 당했구나!'

이지돌이 이렇게 읊조리며 부들부들 떨고 있을 때, 스윽 하고 입구 쪽의 커튼이 열리며 어떤 사나이가 조용히 나타났다.

"오, 이지돌. 어서 오게나. 조금 늦게 도착하였군. 식사는 12시 정각에 하기로 되어 있는데……. 그렇지 않아도 자네가 오리라고 믿고 이렇게 준비해 놓고 기다리고 있었다네."

빙그레 웃으면서 이야기하는 사나이 얼굴을 바라본 이지돌은 너무나 기가 막혀서 마치 도깨비에 홀린 것 같았다. 어이없다는 표정으로 그 사나이를 뚫어지게 바라보던 이지돌은 아무 말도 못한 채 우두커니 서 있을 뿐이었다.

"이지돌, 왜 그러나? 모처럼 좋은 곳에서 우리가 다시 만났는데. 벌써 나를 잊었단 말인가? 그럴 리는 없을 텐데……."

그 말을 들은 이지돌은 더 이상 할말을 잃고 말았다. 지금까지 뤼팽과의 정면 대결이 몇 차례 있었지만, 이 순간처럼 뜻밖의 사건이나 위기감, 그리고 어처구니없는 놀라운 일은 없었다.

지금 여기에 불쑥 나타난 것은 뤼팽이 아니라, 그렇게도 좋아하고 마음을 모두 주었던 바르메라였기 때문이다.

  '저 자를 무어라고 불러야 하나? 뤼팽이라고 불러야 할까, 바르메라라고 불러야 할까?'

  이지돌은 판단이 흐려졌다. 틀림없이 뤼팽인데, 그처럼 감쪽같이 속이고 바르메라로 행세한 저 능청스러운 얼굴에 환멸감을 느꼈다. 바르메라라면 저 에귀유 성의 주인으로 행세하면서 파리에 살고 있는 청년 신사였다.

  더구나 이지돌의 아버지와 레이몽드를 에귀유 성에서 구출할 때 이지돌을 도와서 성을 안내해 준 신사가 아닌가?

  그 뒤에 레이몽드와 결혼하여 레이몽드 숙부인 제브르 백작의 별장 근처에서 행복하게 살고 있는 신사였다.

  그러한 바르메라가 어떻게 이 곳에 왔으며, 이런 호화로운 식탁에서 레이몽드와 이지돌, 이렇게 셋이서 점심식사를 하도록 시간 맞추어 준비까지 해 놓았을까?

  '저 사나이는 귀신인가, 사람인가?'

  이지돌은 가볍게 속으로 탄식을 하였다.

  "이지돌, 왜 그래? 바르메라, 아니 뤼팽, 어떻게 불러도 좋으니까 자네 부르고 싶은 대로 부르게!"

  "아, 바르메라 씨. 어떻게 이 곳에 왔지요?"

  "허허! 이지돌, 무슨 소린가? 여기는 내 별장인데, 아직도 몰랐나?"

  "뭐라고요? 별장이라고!"

  "그렇다네, 이지돌! 자네는 아직도 내가 누군지 혼동하고 있군. 나의 변장을 아직 파악하지 못한 걸 보니까, 아직 어리군! 전날에는 마시방 박사로 변장한 나를 금방 알아차려 날 긴장시키더니. 자네의 추리력과 통찰력도 둔해진 것 아닌가? 아니면 한계에 이르렀나?"

"그러면 당신은……."

너무나 뜻밖에 당한 일이라 이지돌은 아직도 정신을 차리지 못하고 멍청한 표정으로 그 사나이를 훑어보았다.

바르메라로 변장한 뤼팽은 이런 이지돌의 모습이 귀엽다는 표정을 지으면서 말하였다.

"그래, 내가 바로 뤼팽이야. 동시에 바르메라고. 그러면 이제 수수께끼 해답은 풀렸겠지?"

"세상에 이런 일이 어디 있어요? 장난치고는 너무하지 않습니까?"

"허허, 장난이라니?"

"아니면 어째서 나의 아버지와 레이몽드를 납치해 가두어 놓고, 그 비밀 성에 숨어 들어가 두 사람을 구출하도록 도와 줄 수가 있습니까? 그게 장난이 아니고 무엇입니까?"

이지돌은 이렇게 날카롭게 쏘아대며 뤼팽의 시선을 살폈다. 그러자 뤼팽도 날카로운 한마디로 응수를 하였다.

"이지돌, 당연히 그런 말을 하고도 남지. 자네의 입장이라면. 그러나 흥분은 해로워. 그리고 곧 내 아내도 만나게 될 테니 흥분을 가라앉힌 뒤, 우리 셋이 맛있는 식사를 하면서 즐거운 이야기를 나누도록 하세."

그러고는 커튼 쪽을 향하여 신호를 보내었다. 그러자 아름답게 차린 부인 레이몽드가 얌전한 모습으로 들어왔다.

"자, 소개하지. 이 사람은 아르센 뤼팽의 부인일세."

"예? 아니, 당신은 레이몽드 아닙니까?"

"그래요, 이지돌. 본래는 레이몽드 양이지만, 지금은 바르메라 씨의 아내예요. 결국 뤼팽 씨의 아내죠."

"아니, 이럴 수가!"

이지돌은 가벼운 탄식을 흘려 보낼 뿐, 더 이상 말을 잃고 말았다.

"사실은 오늘, 이지돌이 올 줄 알고 식사 준비를 했거든. 만일 자네가 오지 않았더라면 우리의 준비는 허사가 될 뻔했네. 역시 내 생각이 맞아떨어졌어. 대단한 성찬은 아니지만, 맛있는 음식으로 특별히 준비하였으니까 천천히 들게. 지금까지의 모든 일은 잊어버리도록 하세. 그리고 우리 세 사람의 새로운 만남과 앞으로의 행운을 빌지! 자, 화해의 악수부터 나누세."

이렇게 말하면서 뤼팽이 손을 내밀어 악수를 청하였다. 하는 수 없이 이지돌은 손을 내밀었다.

뤼팽을 적으로 여겨온 이지돌이지만 지금 이 순간에는 이상하게도 그를 미워하거나 적으로 생각하는 마음이 싹 사라지고 오히려 다정한 친구처럼 느껴졌다. 정말 이상한 마음이 들 정도였다. 원망이나 미움보다는 오히려 친근감이 생기는 것 같았다.

"자, 이지돌! 이쪽으로 다가앉지. 나는 자네처럼 똑똑한 소년을 알게 되어 무척 기분 좋아."

이지돌은 뤼팽의 말대로 가까이 다가갔다.

식사가 시작되자 뤼팽은 아주 즐거운 표정으로 밝은 이야기를 하기 시작하였다.

"이지돌! 우리는 자네 덕택에 결혼을 할 수 있었어. 나는 내 아내 될 사람을 정말 사랑했거든. 애타게 좋아했어. 어떤 일이 있더라도 반드시 결혼하여 행복한 삶을 이어가겠다고 결심했지. 그런데 그 때는 사정이 내 뜻과 달랐지. 경찰에 쫓기는 몸이었으니까. 그 때 자네가 나타난 거야. 구세주였지. 그래서 자네의 아버지와 레이몽드를 구출하도록 적극 도왔고, 자네의 도움으로 경찰이나 다른 사람들의 눈을 속이며 바르메라로 변장해 내 소원을 이루었지. 레이몽드와 결혼을 했으니까."

"아무도 뤼팽이 바르메라로 둔갑한 사실을 몰랐으니까, 결혼하는 데 아무런 지장이 없었다 이거지요?"

"그렇다네. 아무도 바르메라가 뤼팽이라는 사실을 몰랐고, 또 그런 생각조차 하지도 않은 것 같아. 하지만 자네 덕택에 레이몽드도 내가 뤼팽인 줄 모르고 결혼을 했지. 처음에는 당황하더군. 그러나 이제는 행복하다네. 내가 진심으로 아내를 사랑해 주니까."

"정말입니까? 레이몽드 부인!"

레이몽드는 이지돌의 질문을 간단한 대답과 미소로 인정하였다.

"내가 아내를 극진하게 사랑하자, 아내도 내가 괴도 뤼팽이 아닌, 인간 바르메라로 믿고 좋아하고 있지. 진실하고 정직한 프랑스 인으로서 남편과 아내, 이렇게 사랑을 엮어 가고 있지. 그래서 우리들만의 영원한 행복을 계속 지켜 가고자 이 동굴을 떠나 아주 조용한 곳으로 가서 행복하게 살 생각이라네. 그런데 마침 자네가 올 것 같아서, 오랫동안 쫓기며 정도 많이 든 자네와 이별의 식사라도 하고 싶어서 이렇게 자리를 마련한 거야. 이지돌! 내 마음을 이해할 수 있겠지? 그리고 괴도 뤼팽이 아닌 바르메라와 레이몽드의 영원한 행복을 빌어 줄 수 있겠지? 부탁하네."

"우리가 결혼하도록 중매쟁이가 되어 준 이지돌! 정말 잘 왔어요, 고마워요."

레이몽드도 이야기를 하며 즐거워하였다.

레이몽드의 표정에서는 바다와 같이 넓고 깊고 큰 뤼팽에 대한 뜨거운 사랑이 넘쳐 흐르는 것 같았다.

'아, 정말 행복한 부부다! 사랑이란 저렇게 위대한 것인가?'

이지돌은 사람의 마음은 알다가도 모르겠다는 생각을 하였다.

보물 창고

이지돌은 뤼팽과 그의 아내인 레이몽드와 함께 별말 없이 식사를 하였다. 서로 말은 많이 하지 않았지만, 이지돌은 식사하면서 여러 가지 생각을 하였다.

뤼팽이 언제 어떻게 선수를 치고 이 곳에 와서 이런 자리를 마련하였는지 궁금하였다.

식사가 끝난 후, 세 사람은 차를 마셨다. 뤼팽은 매우 즐거운 표정으로 미소를 지으며 이지돌에게 질문을 하였다.

"어떤가, 이지돌! 손님 접대가 크게 예의에 어긋나지는 않았나?"

"크게 벗어났지요. 미리 초청을 했더라면, 나도 내 친구 한 명을 데리고 와 함께 들었을 텐데요. 불청객이 식탁을 차지했군요."

"역시 매섭군, 이지돌! 미리 초청을 할까 하다가 그만……. 그건 내 실수였군! 그건 사과하네. 그러나 이 별장은 어떤가? 좁고 불편하긴 하지만 이 곳을 좋아하는 사람들이 의외로 많다는 것을 알고 있네."

"여기를 좋아하는 사람들이 많다고요?"

"왜 있지 않나? 이 곳은 시저를 비롯해 샤를마뉴 대제, 윌리엄 1세 정복왕, 영국의 리처드, 루이 14세 등등……. 세계적인 대영웅과 국왕들이 이 곳에 보물을 감춰 두고 종종 와서 즐겼던 곳이거든. 그들의 뒤를 이어서 나도 왔지. 아르센 뤼팽이 말이야. 그러니까 나도 그들과 같은 수준에 오른 셈이야. 이 동굴의 비밀을 알아내어 마지막으로 기암성의 주인이 된 거야."

"축하해야겠군요. 이 수수께끼의 비밀 동굴, 기암성의 주인이 된 것을 말입니다."

"고맙군, 이지돌! 역시 자네는 머리 회전이 빠른 소년이야. 내가 이 곳을 찾아오지 않았다면 에귀유 크뢰즈도, 보물들도 영원히 비밀 속에 잠겨 버린 채 사람들에게 알려지지 않고 전설의 보물단지로 전해지고 말았을 거야.”

“과연 그럴까요? 뤼팽…….”

“나는 그렇게 생각하였네. 그러나 나는 발견했거든, 자네보다 한 발 먼저 말이야. 자네도 결국 찾아왔지만 말이야…….”

“한 발 늦은 것이 한스럽습니다.”

“할 수 없는 일이지. 자네에게는 매우 불행한 일이지만. 그러나 나는 이제 이 곳을 떠날 거야. 앞으로는 이 영웅이 마지막 주인이 된 이 곳, 프랑스 국왕들의 비밀 창고도 멋진 관광지가 되겠지. 그러면 구경꾼들이 모여들고, 그들의 발길이 끊이지 않게 될 거야. 애석한 일이지만 어쩔 수 없는 일이야.”

바로 그 때 레이몽드가 갑자기 불안한 얼굴을 하면서 괴로워하였다.

“아니, 왜 그러오?”

뤼팽은 혼자 신이 나서 지껄이다 말고 레이몽드를 바라보며 물었다.

“이상한 소리가 들려와요.”

“무슨 소리가?”

뤼팽은 레이몽드가 가리키는 쪽을 바라보았다.

“아무것도 아니야. 파도 소리를 가지고 그러는군!”

뤼팽은 가볍게 얼버무리고 말았다. 그러나 레이몽드는 정색을 하며 그렇지 않다고 하였다.

“여보, 파도 소리가 아니에요. 틀림없어요, 저 소리…….”

“걱정 말아요. 여기는 아무도 찾아올 사람이 없어요. 이지돌밖에는…….”

그러면서 뤼팽은 하인을 불렀다.

"이 봐! 이리 와 봐."

"예, 부르셨습니까?"

"응, 자네, 이 손님이 들어온 뒤 계단 위의 문은 틀림없이 닫았겠지?"

"예, 안에서 빗장을 걸었습니다."

"좋아! 여보, 걱정할 것 없소. 당신은 좀 피곤한 것 같은데 쉬는 것이 좋겠소."

뤼팽은 이렇게 말하고 레이몽드를 별실로 안내하여 쉬도록 하라고 하인에게 일렀다. 아래층에서 나는 소리는 점점 더 분명하게 들려왔다.

아래층에서 무엇인가 탁탁 두드리는 소리가 났다.

'옳지! 가니말 형사가 부하들을 데리고 올라오고 있는 것이 분명하다. 내가 떠난 지 오래 지나도 소식이 없으니까, 이상하게 여기고 따라온 것이 분명해.'

이지돌은 불안한 속에서도 이렇게 생각하며 뤼팽의 표정을 살폈다. 그러나 뤼팽은 정말 아무 소리도 듣지 못한 것처럼 태연한 표정으로 이야기를 계속하였다.

"이지돌, 신경 쓸 것 없어요. 파도 소리일 뿐이야. 누구 올 사람도 없어. 나와 자네말고는 말이야, 그렇지? 내가 이 곳을 발견하였을 때는 굉장히 황폐해 있었거든. 그도 그럴 수밖에 없는 것이 루이 16세 혁명 이후 100여 년 동안 아무도 돌보지 않았으니까 당연한 일이지. 해저 터널은 무너져 가고, 바닷물은 흘러 들어오고, 정말 형편없었어. 그래서 나는 이 곳으로 오는 동안에 부서진 곳은 고치고 웅덩이처럼 고여 있는 물은 퍼냈지. 기둥도 세우고 아주 큰 공사를 하면서 여기까지 왔어. 그렇게 해서 이지돌 자네도 별 어려움 없이 쉽게 올 수 있었던 거야."

그러는 사이에 밖에서 들려오는 소리가 점점 더 커지고 분명해졌다.

가니말 형사가 부하들과 함께 첫 번째 문을 부수고 두 번째 문 앞에 이른 것이 분명하였다.

그러나 뤼팽은 여전히 태평하기만 하였다.

'아니! 저 자는 강심장인가?'

이지돌은 그런 뤼팽의 대담성에 다시 한번 감탄하였다. 밖에서 들리던 소리는 잠시 조용하더니 바로 앞에서 들려오는 것 같았다.

'옳지! 드디어 세 번째 문에 도착했구나. 그렇다면 이제 문 두 개만 통과하면 되는데……'

이지돌은 이렇게 생각하였다. 그러니 마음은 더욱 조마조마하고 달려가서 문을 열어 주고도 싶었으나, 그럴 수가 없는 처지라 더욱 안타까웠다.

이지돌은 창밖을 슬며시 내다보았다. 바늘 바위 주변에 어선과 잠수함들이 둘러싸고 있는 것이 보였다.

'밖에서는 모든 준비가 완료되고, 계획대로 하나하나 진행되고 있구나! 그런데 나는 여기서……'

"쿵, 쿵, 쿵, 쿠웅……."

소리는 점점 더 커졌다. 그 때서야 뤼팽이 신경질적으로 퍼부었다.

"정말 성가시게 구는군! 귀한 손님과 제대로 이야기도 할 수 없으니. 이지돌, 더 위로 올라가 보고 싶지 않은가? 원한다면 안내하지."

"위에도 방이 있나요?"

"있고말고!"

"갑시다, 너무 시끄러워요."

이지돌은 뤼팽의 뒤를 따라 계단을 올라갔다. 이지돌이 겨냥한 비밀의 보물 창고들은 더 위에 있었기 때문이다. 그러나 이지돌은 모르는 척하고 시치미를 떼었다.

계단을 올라가니 또 문이 나왔다. 뤼팽은 문을 열고 들어서자마자 문을 안으로 걸어 잠갔다. 그 방은 화실로 꾸며져 있었는데, 먼 옛날로부터 현대에 이르는 유명한 화가들의 그림들이 잔뜩 진열되어 있었다.

"야! 정말 진짜 같은 모조품들이군요."

이지돌은 딴전을 피우면서 뤼팽의 눈치를 살폈다.

"모조품이 아니라 진짜란 말이야. 자네는 그림에 대해서 아는 게 없는 모양이군! 가짜 그림은 각 나라에 있는 큰 미술관이나 박물관에 있는 것들이야. 이것들은 모두 진짜 그림들이야."

"미술관이나 박물관에 있는 것들이 가짜라고요?"

"그렇다네, 이걸 보면 알 거야. 이것이 그 유명한 제브르 백작의 거실에서 가져온 루벤스의 명화 넉 점이거든."

"예? 제브르 백작 거실의……?"

"왜 그렇게 놀라나? 그 때는 이것이 멋진 괴사건이 되어 자네에게도 엉뚱한 노고를 안겨 주지 않았는가?"

뤼팽은 재미있다는 듯이 이야기를 슬슬 비꼬아 하였다.

뤼팽은 이지돌을 데리고 더 위층으로 올라갔다. 위로 올라갈수록 방은 점점 더 좁아졌지만, 어느 방이나 모두 다 진귀한 골동품, 그리고 옛날의 값진 책들로 가득 차 있었다. 여기까지 올라오자 밑에서 나는 소리는 아주 작아졌다.

"이지돌! 여기가 마지막 방이야. 여기엔 보물들이 가득 차 있다네."

뤼팽은 이지돌에게 친절하게 일러주었다. 그 곳은 지금까지 본 방들과는 전혀 다른 형태의 방으로 꾸며져 있었다. 천장이 다른 방에 비하여 매우 높고 원뿔형으로 된 에귀유의 가장 높은 꼭대기 방으로, 바닥에서 천장까지 무려 15미터에서 20미터 정도는 되는 것 같았다.

"와! 천장이 저렇게 높을까요?"

이지돌이 일부러 감탄하는 듯 크게 외쳤다.

"이지돌, 신기한가?"

"예, 저렇게 천장이 높은 방은 처음 보았어요."

"역시 오기를 잘했군, 이지돌!"

육지로 향한 쪽에는 창이 없었으나, 바다 쪽으로는 두 개의 유리창이 나 있어서 햇빛이 흘러 들어오고 있었다.

"이지돌! 이 방이 바로 보물이 감춰져 있는 곳이지. 지금은 상당히 많이 없어지기는 하였지만. 잘 보게나!"

뤼팽은 이렇게 설명하면서 세공이 아주 훌륭하게 되어 있는 마루의 한쪽을 떼어 내었다. 그 아래에는 바위 모양으로 움푹 패어 있었는데, 속이 텅 비어 있었다.

두 번째, 세 번째도 마찬가지였다.

"별로 보이는 것이 없는데요?"

이지돌은 이상하게 생각하면서 뤼팽에게 물어보았다.

"이상한가? 보는 그대로야. 옛날 국왕들은 전쟁으로 많은 돈을 쓰기도 하였고, 평화로울 때는 사치스러운 놀음으로 나라 돈을 마구 써 버렸지. 그리고 틈만 나면 좋다는 보석들을 마구 사들이거나 남에게 주기도 했거든. 그러나 아직 남아 있는 보석도 아주 많다네. 이것 봐! 이건 전혀 손을 대지 않은 훌륭한 보물들이야."

뤼팽은 이렇게 이야기하면서 네 번째 마루를 뜯어내었다. 거기에는 단단해 보이는 금고가 있었다.

뤼팽은 주머니에서 기묘한 열쇠를 꺼내 보이면서,

"이것이 저 금고의 열쇠야. 이것은 나밖에 가진 사람이 없어!"

하고 말하였다.

"앗!"

이지돌은 그 열쇠를 보는 순간 소스라치게 놀랐다.

'저 자가 그 열쇠까지……'

그 때 뤼팽은 열쇠로 보물 금고를 열었다. 거기에는 굉장한 보석들이 들어 있었다.

푸른 사파이어, 새빨간 루비, 녹색의 에메랄드, 그 밖에도 오색 찬란한 보석들이 가득 들어 있었다.

이지돌이 놀라움을 감추지 못하고 입을 크게 벌리고 있자 뤼팽이 말하였다.

"어때, 굉장한 보물 아닌가?"

"정말 놀랐어요, 이렇게 어마어마한 보물이 있다니……"

"이지돌, 나는 이 어마어마한 보물에는 절대로 손을 대지 않을 거야!"

"예? 손을 대지 않겠다고요?"

"왜? 자네는 탐이 나나! 이 보물들은 원래 프랑스 국민들의 것이야. 그것을 못된 국왕들이 강제로 거둬들인 것이지. 그래서 나는 나의 명예, 아니 대괴도 뤼팽의 명예를 걸고 이 보물들을 프랑스 국민들에게 되돌려 줄 것을 자네 앞에서 분명히 맹세하네!"

"뭐라고요? 내 앞에서 그런 엄청난 맹세를……"

"자네 앞에서 하는 맹세가 국왕 앞에서 하는 맹세보다 더 효력이 크다고 나는 믿네. 나는 비록 괴도라고 사람들이 말하지만, 국민들의 재산까지 손대는 좀도둑은 아닐세. 그것이 나의 소신이며 철학이야. 내 목숨만큼이나 소중하게 여기는 것이지."

뤼팽의 목소리는 매우 엄숙하고 자신에 넘쳐 있었다.

"아! 국민의 재산에까지 손을 대는 좀도둑이 아니라고요? 역시 당신은 배짱이 두둑한 괴도, 아니 위대한 괴도로군요!"

이지돌은 감탄하였다.

"역시 자네는 나의 마음을 알아주는군. 역시 자네는 내가 가장 믿는 친구임에 틀림없네."

바로 그 때 아래층에서 또다시 문을 부수는 소리가 들려왔다.

하지만 뤼팽은 조금도 당황하거나 초조해하지 않고 당당한 표정이었다.

"이지돌, 이 금고는 그대로 열어 두세."

"왜요?"

"누구든지 이것을 보면 국왕과 조국에 대한 생각이 달라질 테니까 말일세."

뤼팽은 그러면서 방 안을 한번 훑어보더니 무엇인가 골똘히 생각하는 표정이었다.

어찌 보면 운명을 체념한 듯, 쓸쓸한 마음을 달래 보려는 듯한 마지막 안간힘 같은 표정으로, 이렇게 독백하듯 말하였다.

"이 곳과도 이제는 이별이구나. 저 보물들은 조금도 아깝지 않아. 하지만 사랑하는 아내 레이몽드와 즐겁게 지냈던 곳이라서, 그 이별이 더 가슴이 아프군."

그러고는 창밖을 통해 파도가 출렁거리는 바다를 내다보았다.

'아! 사람이 어찌 저렇게 대범할 수 있을까. 운명의 신 앞에서 어마어마한 보물들을 한줌의 모래로 여기는 저 대담함. 그리고 사랑하는 여인을 더 사랑해 줄 수 없는 자신의 운명을 한탄하는 저 사나이의 심장은 지금 어떻게 뛰고 있을까?'

이지돌은 이렇게 생각하면서 뤼팽의 손을 힘차게 잡아 주었다.

뤼팽도 이지돌의 손을 힘껏 잡았다. 두 사람은 아무 말 없이 손만 마주 잡고 얼마 동안 멍하니 서 있었다.

잠수함의 추격

운명의 순간을 눈앞에 둔 뤼팽은 태연한 자세로 빨간 분필을 들더니 이렇게 써 나갔다.

아르센 뤼팽은 발견한 에귀유 크뢰즈의 모든 재산을 프랑스 국민들에게 보낸다.
단, 조건이 있다.
그것은 이 재물과 보석들을 루브르 박물관의 어느 한 방에 소장하여 '아르센 뤼팽의 방' 이라고 이름 붙이는 조건이다.

다 쓰고 난 뤼팽은 이지돌을 바라보며 빙그레 웃었다. 이지돌은 뤼팽이 써 놓은 글을 보면서 마치 유서 같다는 생각을 하였다.

밖에서 들려오는 소리는 점점 더 커지더니, 드디어 이 방의 계단을 올라오는 소리와 함께 문을 부수는 요란한 소리로 변하였다.

그 소리를 들은 뤼팽은 웃으면서 문 쪽으로 달려가 안에서 자물쇠를 잠가 버렸다.

"가니말 형사, 수고가 많군! 하지만 이 문은 단단하여 쉽게 부서지지 않을 걸세. 어디 있는 힘을 다하여 부숴 보시지. 그 때까지 나는 천천히 내 계획대로 사라져 버릴 테니까. 이지돌, 작별이군. 그럼. 안녕히!"

뤼팽은 이렇게 말하고는 벽에 걸려 있는 조그마한 명화를 들어올리고 그 뒤에 숨겨져 있던 작은 창문을 열려고 하였다.

그 때 가니말 형사가 뤼팽의 얼굴에 총을 들이대며 마구 쏘았다.

"어, 솜씨가 대단하군! 총알은 심장을 꿰뚫었어. 그러나 그건 그림 속의 심장이란 말이야.”

뤼팽은 그렇게 조롱하듯 이야기하며 계속 웃었다. 그러고는 벽에 꼭 달라붙었다.

이지돌은 그 때까지 넋을 잃은 듯이 멍청하게 서서 이 광경을 보고만 있었다. 그러다가 정신이 번쩍 나서 권총을 꺼내어 꽉 잡았다.

'여기서 내가 뤼팽을 쏘면 끝나는데……. 그렇게 해서는 안 돼. 하지만 난…….'

이지돌은 이렇게 생각하며 뤼팽을 빤히 쳐다보았다. 뤼팽은 이지돌을 뚫어지게 바라보았다. 두 사람의 눈은 불이 튀는 듯 날카로웠다.

밖에서는 문을 사정없이 흔들어 대서 문 전체가 흔들흔들 움직였다.

“이봐, 이지돌. 빨리 총을 쏘게. 뤼팽을 겨누어 총을 쏘란 말이야!”

가니말 형사가 소리쳤다.

이지돌은 결심한 듯 뤼팽에게 권총을 겨누었고, 순간 뤼팽은 몸을 날렸다. 그리고 뤼팽은 이지돌을 바라보며 날쌔게 달려들더니, 이지돌을 붙잡아 자기의 방패막이로 세웠다.

“자, 가니말 형사. 어디 쏴 보시지.”

뤼팽은 자신 있게 외쳤다.

이지돌은 뤼팽의 품에서 벗어나려고 안간힘을 다하였으나, 뤼팽의 팔힘이 워낙 대단하여 꼼짝을 할 수가 없었다.

뤼팽은 이지돌을 가슴에 안은 채 경사진 계단을 달렸다. 나선형으로 생긴 계단을 쏜살같이 돌아 내려간 뤼팽은 바다와 맞닿은 듯한 높이에 있는 넓은 동굴 속으로 들어갔다.

그곳은 빛이 들어오지 않는 캄캄한 곳이었으며, 두 개의 회중전등만이 움직이며 빛을 내고 있었다.

어느 사이엔가 레이몽드는 이 곳에 와서 기다리고 있었다. 레이몽드는 뤼팽의 가슴에 안기며 비명처럼 소리를 질렀다.

"오, 당신! 무사하셨군요."

"염려 마오! 미리 준비된 배로 바로 출발할 거요."

뤼팽은 이렇게 말하고는 검은 고래 같은 보트를 가리켰다. 그리고 레이몽드와 함께 검은 갑판 위로 올라가자 뚜껑이 달혔다.

"출발! 샤롤레!"

뤼팽이 급하게 출발 명령을 내리자, 요란하게 엔진 소리가 들리며 배가 흔들거렸다. 이지돌은 마치 엘리베이터를 타고 아래로 내려가는 기분을 느꼈다. 잠수함이었다.

이윽고 동굴을 빠져나온 듯, 창이 훤하게 밝아졌다. 바로 그 때, 잠수함 위를 크고 검은 물체가 지나가면서 요란한 엔진 소리를 내었다.

"경찰이다! 샤롤레, 해저에서 벗어나 뤼팽 항구로 직행하라!"

괴상한 잠수함은 해저 바위 사이를 미꾸라지처럼 닿을락말락하며 빠르게 빠져나갔다.

이번에는 굉장히 거대한 검은 물체가 요란한 소리를 내며 지나갔다.

"경찰의 잠수함이다. 이제는 대포로 공격할 것이다. 놈들은 에귀유 크뢰즈를 공격할지 모른다. 그러나 그것은 자기 동료를 공격하는 어리석은 짓이지. 결국은 가니말 형사만 당하고 말겠지."

뤼팽은 이렇게 이야기하며 속도를 더 내라고 명령을 내렸다. 그러자 그 괴상한 잠수함은 더 빠르게 바닷속을 달렸다.

드디어 바닷속의 바위로부터 멀리 빠져나와 모래땅이 보이는 곳에 이르렀다. 해안 근처인 것 같았다.

"배를 물 위로 띄워라! 이제 안전할 것이다."

배가 물 위로 떠올랐다. 그 곳은 작은 항구였다.

"자, 여기가 내 개인의 비밀 항구인 뤼팽 항구이다."

그 곳은 3면이 깎아지른 듯한 절벽으로 둘러싸여 육지에서는 아무도 접근할 수 없는 곳이었다.

절벽에 걸려 있는 긴 쇠사다리로 올라가니, 언덕 위에 녹색의 초원이 펼쳐져 있고, 구석에는 작은 오두막집이 있었다. 그 오두막집에서 어떤 사나이가 나왔다.

"수상한 녀석 없었나?"

"예, 주인님! 단지……."

"단지라니?"

"제 아내가 그러는데 뱃사람 하나가 이 곳 주변을 서성거리는 것 같았다고 합니다."

"어떻게 생긴 놈이라든가?"

"영국 사람 같아 보였다고 합니다."

"좋아, 조심하도록 하지. 나는 농장으로 가 볼 테니까……."

뤼팽은 이렇게 지시하고 걸어갔다.

'아무래도 마음이 걸리는데, 뱃사람이 영국인 같다면……. 혹시 홈스가 아닐까?'

이지돌은 속으로 이렇게 생각했다.

녹색 풀밭 끝에는 큰 농장과 멋진 건물이 있었다.

"이 곳은 은신처네. 레이몽드와 같이 평화롭고 즐겁게 일생을 보내려고 지어 놓았지. 나는 이 농장의 주인이라네."

"그렇다면 뤼팽, 당신은 이제부터 땅을 파고 밭을 가꾸며, 평화롭게 여생을 보내는 농부가 되겠다는 말인가요?"

"농부 뤼팽이 아니라, 농부 바르메라가 되는 거지. 레이몽드 덕분이야. 그녀는 어떻게 해서든지 내 마음을 바꿔 놓으려 했거든. 그녀의 따뜻한 사랑으로, 소년 시절부터 세상을 비뚤어지게 보아 온 나의 생각과 마음을 고쳐 주었어. 그 마음에 나도 감동되어 이렇게 농장을 만들었네. 이 큰 농장이 우리의 천국이자 보금자리란 말일세.”

평화와 사랑이 가득한 꿈의 농장 풍경이었다.

농장 입구의 나무 대문이 보이는 곳에 이르자, 여자 한 명이 안에서 뛰어나와 맞이해 주었다.

그 여자는 하녀 세자린이었다.

뤼팽은 모든 일을 이처럼 철저하게 해 놓는 사람이었다.

최후의 비극

하녀 세자린이 손님이 와 있다고 뤼팽에게 알렸다.

“손님?”

“영국 사람 같아요. 뱃사람 같은 차림새인데, 뱃사람은 아닌가 봐요, 주인님!”

“음, 누가 변장을 하고 왔나 보군! 뭐라고 했나?”

“주인님께서 여행 중이시라고 했더니, 친구라며 어머님을 뵙겠다면서 안으로 들어갔어요.”

뤼팽은 곰곰이 생각에 잠겼다. 그 때 집 안에서 여자의 날카로운 비명소리가 들려왔다.

“아니? 어머니의 목소리다!”

뤼팽이 뛰어들어갔다. 그 뒤를 레이몽드와 이지돌이 따라 들어갔다.

문 안에서는 두 남자가, 백발의 부인을 양쪽에서 붙잡고 있었고, 키가 큰 사람이 그것을 지켜보고 있었다.

이지돌은 우뚝 선 채로 키 큰 남자를 바라보았다.

‘역시, 홈스 탐정이었어!’

이지돌은 이렇게 속으로 생각하였다. 홈스임을 금방 알 수 있었다.

홈스가 부하들에게 지시하여 부인을 억지로 끌고 가는 것을 뤼팽이 가로막았다.

명탐정 홈스와 괴도 뤼팽은 서로 마주 보며 버티고 서 있었다. 긴장감이 맴돌았다.

오랫동안 필사적으로 맞서 다투어 온 두 사람이라, 서로 분한 마음으로 이를 갈며 눈에 불을 켤 것처럼 쏘아보았다. 금방이라도 무시무시한 대혈투가 일어날 것만 같았다. 숨막히는 순간이 무섭게 흐르고 있었다. 드디어 뤼팽이 낮게 가라앉은 목소리로 말하였다.

"홈스! 어머니를 놓아 드리라고 부하에게 말하게."

"싫다!"

대답은 간단하였다. 또다시 무거운 침묵이 흘렀다. 목숨을 앗아갈지도 모르는 큰 싸움이 한바탕 터질 것만 같았다. 사자와 호랑이가 서로 눈치만 보는 것 같은 순간이 계속될 뿐이었다.

레이몽드는 사랑하는 뤼팽이 당하면 어쩌나 하고 겁에 질려 있었다.

"홈스, 어머니를 놓아 드려!"

"안 돼!"

뤼팽의 얼굴이 험하게 일그러졌다. 뤼팽이 권총을 뽑아드는 순간, 홈스는 재빨리 뤼팽의 어머니 뒤로 몸을 돌리며 노부인의 이마에 총을 들이대었다.

"뤼팽, 너의 손가락이 움직이면, 어머니도 총을 맞는다!"

"다시 한 번 경고한다. 어머니를 놓아 드려라!"

"못한다고 몇 번이나 말해야 알아듣겠느냐? 너의 어머니는 매우 중요한 인질이다. 그리고 이 여자는 너의 생모가 아니라 유모 빅투아르야. 이 여자를 인질로 붙잡아 두면 너는 도망칠 수가 없지, 그리고 네 아내인 레이몽드도 말이야……."

홈스는 이렇게 말하면서 레이몽드를 힐끗 바라보았다. 그 순간 뤼팽은 번개처럼 권총의 방아쇠를 잡아당겼다.

총알은 홈스의 오른손에 맞았고, 홈스는 권총을 떨어뜨렸다.

그 순간 두 명의 부하도 방아쇠를 당기려 하였으나, 뤼팽은 재빠른 동작으로 두 사람을 한꺼번에 모두 쓰러뜨렸다.

권투와 유도로 단련된 뤼팽의 날렵한 몸 동작과 주먹이 동시에 터진 것이다.

그 사이 홈스도 권총을 주워 들고 뤼팽을 정확히 겨냥하였다. 바로 그 때 레이몽드가 뤼팽의 몸을 가로막으려고 뛰어들었고, 홈스의 권총에서는 이미 불을 뿜듯 총알이 쏟아져 나왔다.

"아!"

홈스가 신음하듯 외쳤다.

레이몽드는 총에 맞고 비틀거리며 뤼팽의 발 아래로 쓰러졌다.

"레이몽드……. 레이몽드……."

뤼팽이 그녀의 몸을 안아 일으키면서 비통한 소리로 절규했다.

뤼팽의 눈에서는 눈물이 줄줄 흘렀다.

"죽었어! 홈스가 레이몽드를 죽였어……."

뤼팽은 미친 사람처럼 외치며 홈스에게 달려들었다. 그는 홈스를 넘어뜨리고는 가슴을 타 눌렀다.

"미안, 미안하네……. 뤼팽."

홈스는 조금도 저항하지 않고 뤼팽이 하는 대로 가만히 있었다.

"도련님, 도련님……."

빅투아르가 울면서 뤼팽을 부르며 끌어안자, 뤼팽은 마치 어린아이처럼 유모인 빅투아르의 가슴에 얼굴을 파묻고 울음을 터뜨렸다.

이지돌은 그런 모습을 보면서 어떻게 해야 좋을지 몰라 그저 뤼팽과 빅투아르, 그리고 뤼팽이 그토록 사랑하던 아내인 레이몽드의 시체를 물끄러미 바라만 보고 있었다.

서산으로 넘어가는 저녁 해는 이 비극의 장면에 검은 막을 드리우듯 서늘하게 느껴졌다.

어디선가 희미하게 노랫소리가 들려왔다. 농장에서 일하던 사람들이 집으로 돌아오며 부르는 평화스러운 소리였다.

뤼팽은 꼼짝도 하지 않은 채 이 평화로운 노랫소리를 들으며 넓고 넓은 농장을 바라보았다.

이 평화로운 농장에서 레이몽드와 착한 유모 빅투아르와 함께 행복한 여생을 보내려던 뤼팽의 꿈은 구름처럼 사라지고, 그 마음은 갈기갈기 찢어지고 말았다.

하나의 꿈으로 끝나고 만 것이었다.

뤼팽은 한없이 마음이 아팠다. 뤼팽은 죽은 레이몽드를 끌어안으며 넋두리를 하였다.

"오래오래 함께 살자고 하더니, 이렇게 먼저 가 버리다니……."

뤼팽은 한동안 말이 없었다. 그러다가 주위 사람들을 바라보며 큰 소리로 외쳤다.

"모든 것이 끝났다. 가요, 빅투아르!"

"예, 도련님……."

"이지돌, 잘 가게!"

뤼팽은 사랑하는 아내 레이몽드의 시체를 둘러업고 유모와 함께 바다 쪽으로 뚜벅뚜벅 걸어갔다.

뤼팽과 빅투아르의 모습은 석양 속으로 빠져들며 멀어져 갔고, 이지돌은 자신을 잊은 채 언제까지나 그 자리에 그렇게 서 있었다.

작품 알아보기
(장편문학)

〈**괴도 뤼팽**〉의 작자 모리스 르블랑은, 〈명탐정 홈스〉를 쓴 영국의 코난 도일과 함께 19세기 후반에서 20세기 전반에 걸쳐 탐정 소설가로서 쌍벽을 이룬 작가이다.

그는 〈신사 도둑 아르센 뤼팽〉을 비롯하여 수많은 작품을 남겼는데, 이 책에 실린 〈기암성〉은 그의 대표작 중 하나이다.

이 작품은 레이몽드의 집에서 일어난 미술품 도난 살인 사건에서 시작되어 노르망디 해안의 '기암성'에 있는 보물 창고가 발견되기까지, 학생 탐정 이지돌과 괴도 뤼팽 사이에 쫓고 쫓기는 숨막히는 대결이 벌어진다.

뤼팽은 제브르 백작의 집에 침입했다가 레이몽드 양의 총에 맞아 은신처에 숨게 된다. 이지돌은 빈틈없는 추리로 뤼팽의 은신처를 밝혀 내고, 결국 뤼팽의 사망을 확인한다. 하지만 모두를 비웃기라도 하듯 뤼팽은 다시 한 번 살아나 이지돌에게 수수께끼를 제시하고, 그를 기암성으로 이끈다.

특히, 뤼팽이 사건 현장에서 빠져 나가는 계교나, 철통 같은 경계에도 불구하고 이지돌의 아버지를 납치하는 대담성, 바르메라로 변장하여 레이몽드와 결혼하는 의외성, 마시방으로 변장하여 암호문을 가로채는 치밀함 등은, 뤼팽의 변화무쌍한 변신

작품 알아보기
(장편문학)

과 신출귀몰의 극치라 아니할 수 없다.

또한 뤼팽의 특징은 주로 미술이나 보석 등을 훔치고, 경찰만을 골탕먹일 뿐, 절대로 살인을 하지 않아, 흔히 '신사 도둑'이라 불리기도 한다.

결국, 뤼팽은 홈스와의 대결 중 레이몽드가 목숨을 잃자, 유모 빅투아르와 함께 어디론가 사라져 버린다.

이 작품은 진실한 사랑에 빠져 한 여인에게 모든 것을 헌신하는 뤼팽의 인간적인 면이 두드러진 작품이다. 르블랑은 그 뒤 계속하여 뤼팽을 주인공으로 하는 일련의 소설을 발표하여 세계적으로 유명해졌으며, 대중소설 작가로서는 드물게 레지옹 도뇌르 훈장을 받았다.

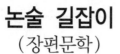

논술 길잡이
(장편문학)

❶ 다음 그림은 뤼팽이 기암성의 보물 창고를 이지돌에게 보여
주는 장면이다. 여기서 뤼팽이, 보물에는 절대로 손을 대지
않겠다며 한 맹세를 적어 보자.

....

....

....

....

....

논술 길잡이
(장편문학)

❷ 다음 등장 인물들의 말과 행동을 통하여 각자의 성격을 파악해 보고, 그 근거를 찾아 써 보자.

등장 인물	성 격	근거(말이나 행동)
뤼 팽		
이 지 돌		
레이몽드		
가니말 형사		
빅투아르		

논술 길잡이
(장편문학)

❸ 레이몽드가 자기 집의 수사 현장에서 부상한 뤼팽을 왜 몰래 도피시켜 주었는지 그 이유를 써 보자.

....

....

....

....

....

❹ 뤼팽에게 납치되어 성 안에 갇혀 있던 이지돌의 아버지는 누구에 의해 어떻게 탈출하게 되었는지 본문에서 찾아 써 보자.

....

....

....

....

....

논술 길잡이
(장편문학)

❺ 다음은 뤼팽이 변신의 귀재임을 나타내 주는 부분이다. 글을 읽고, 레이몽드 양이 이렇게까지 생각할 수 있었던 경위를 추적해 써 보자.

그 무서운 뤼팽으로부터 자기를 구출해 준 사람은 바로 이지돌이지만, 이지돌에게 그런 용기와 지혜를 안겨 준 사람은 바로 바르메라였다고 레이몽드는 생각하였다.

'위험을 무릅쓰고 모험을 하다니, 세상에 그런 용기 있는 사람이 어디 있단 말인개!'

논술 길잡이
(장편문학)

❻ 뤼팽이 이루려던 꿈이 결국에는 어떻게 되었으며, 왜 그와
같은 결과를 낳았는지 써 보자.

❼ 괴도 뤼팽은 비록 값비싼 귀중품만을 훔치는 대도둑이지만,
흔히 '신사 도둑' 이라고 불린다. 왜 그렇게 불리는지 자신의
의견을 적어 보자.

논·술·세·계·대·표·문·학 〈전60권〉

펴 낸 이   정재상
펴 낸 곳   훈민출판사
주   소   경기도 고양시 덕양구 원당동 416번지
대 표 전 화   (031)962-3888
팩   스   (031)962-9998
출 판 등 록   제395-2003-000042호

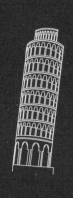